谨以本书向美国加州大学伯克利分校武术项目（UCMAP）
创始人肯恩·景浩·闵博士（Dr. Ken Kyungho Min）致以诚挚的谢意。
正是闵博士对我们探索武术各个方面的鼓励，才使本书得以完成。

THE ANATOMY OF MARTIAL ARTS
武术格斗解剖学图谱

高效能攻击背后的
生理学与物理学

〔美〕诺曼·林克（Norman Link）
〔美〕莉莉·周（Lily Chou）　　　　著
〔美〕苏曼·卡斯图利亚（Suman Kasturia）　　插图

常一川　　译

北京科学技术出版社

著作权合同登记号　图字：01-2018-4935

图书在版编目（CIP）数据

武术格斗解剖学图谱：高效能攻击背后的生理学与
物理学 /（美）诺曼·林克，（美）莉莉·周著；常一川
译.—北京：北京科学技术出版社，2023.10
书名原文：The Anatomy of Martial Arts：An
Illustrated Guide to the Muscles Used in Key Kicks,
Strikes and Throws
　　ISBN 978-7-5714-2478-7

　　Ⅰ.①武… Ⅱ.①诺… ②莉… ③常… Ⅲ.①武术 –
人体运动 – 人体解剖 – 图谱②格斗 – 人体运动 – 人体解剖
– 图谱 Ⅳ.①G85-64

中国版本图书馆CIP数据核字（2022）第129960号

策划编辑：苑博洋		电　话：0086-10-66135495（总编室）	
责任编辑：苑博洋		0086-10-66113227（发行部）	
责任校对：贾　荣		网　址：www.bkydw.cn	
装帧设计：异一设计		印　刷：北京宝隆世纪印刷有限公司	
版式设计：北京锋尚制版有限公司		开　本：787 mm×1092 mm　1/16	
责任印制：张　良		字　数：195千字	
出 版 人：曾庆宇		印　张：9	
出版发行：北京科学技术出版社		版　次：2023年10月第1版	
社　　址：北京西直门南大街16号		印　次：2023年10月第1次印刷	
邮政编码：100035			
ISBN 978-7-5714-2478-7			

定　　价：90.00元

译者序

在海外驻扎的日子里，工作之余，每天的重头戏都是培训与交流。因为职业的特殊性，同事来自五湖四海，不同国籍、不同种族、不同经历的人交换着各自引以为傲的身体训练理念与格斗生存技术。在肉体与思维的不断碰撞中，我时常思考：促使肌肉增大的抗阻训练与强调身体机能的格斗训练之间的矛盾该如何解决？因为传统的抗阻训练（被戏称为"举铁""撸铁"）往往是以追求视觉审美或极限力量为导向的，训练中过于强调孤立性或者说肌肉在某个固定运动模式下的发展，对应用于实战的格斗肌肉链，其训练效果甚微，并且由于基础抗阻与格斗的发力模式不同，还会造成神经肌肉的干扰效应。而基于实战格斗体系的机能训练又多以体能及自重训练为主，长此以往则限制了肌肉力量的发展空间。所以当有幸负责此书的翻译时，我看到了解决这个问题的一线曙光。

基于人体基础解剖学的格斗技术解读，是我们了解自身动作技术的基石。本书详尽地展示了世界上约50种应用最广的格斗技术，很多技术甚至是没有练习过武术格斗的普通人，都会在下意识做出的自卫动作。书中通过图谱解构与训练建议、注意事项与核心技巧，深入浅出地展示了每一个动作是通过哪些骨骼肌来发挥作用的，同时给出了强化这类骨骼肌的基础训练方式。这些动作在有经验的运动员看来也许是简单甚至是粗糙的，但不可否认这些基础训练本身的高效与易学。读者可以在此基础上根据自身追求加以优化和调整，甚至根据自己所习练的流派或比赛的规则，着重加强某些特殊肌群的训练。因此，对于本书的使用方法，个人提供以下思路和建议。

（1）在进行书中剖析的技术动作训练之前，先使用每一页下方推荐的方法进行热身与激活，再进行主要的格斗技术训练。

（2）在进行针对肌肉的抗阻训练之后，根据所练肌群的格斗属性，使用格斗动作进行小负荷的格斗肌肉链训练作为补充。

（3）在格斗训练与抗阻训练穿插配合之下，编制出符合自身功能性追求的训练计划。

值得一提的是，由于我本人的医学背景与作者的运动生物学背景相契合，我们始终强调对于习练者身体的保护与安全才是训练的首要原则。正如书中所言，身体会衰老，体能会下降，训练的本质是用更多时间与努力让已熟知的技术适应不断变化的骨骼和肌肉系统。这也正是传统的功夫理念之一。

最后特别感谢北京科学技术出版社苑博洋老师的信任和鼓励，以及他在武术图书出版方面给我的指导，正因为如此，我才能完成此书的翻译工作。希望通过阅读此书，你的武术格斗技术能够突破自身力量的天花板，你的肌肉拥有强大的实战能力。

常一川

2022年10月 于沈阳

目录

第一部分：概述

第二部分：技术

第一部分：概述

引言

欢迎阅读《武术格斗解剖学图谱：高效能攻击背后的生理学与物理学》。本书的两位作者，合计拥有近60年的正规武术训练史；然而，他们称自己依然只是初窥武术学习之门径。这样说并不是想故作谦逊，而是因为这确实是一个事实。无论选择什么样的武术训练，我们的身体都会改变。幸运的情况下，身体会顺利被所习练的技术逐步塑造；假以时日，体能应该会稳步提升。但是，如果在长时间范围内考量武术训练，我们的身体还是会不可避免地衰老，体能也会逐步下降。因此，训练的本质是，我们花费越来越多的时间努力使我们所熟知的技术适应不断变化的骨骼和肌肉系统。

在本书中，我们尽可能广泛地从一系列武术格斗类别中展示50种技巧。我们选择了一些手部攻击（包括劈斩）、腿法、摔投技法、器械和擒拿技术，以及滚翻和倒地技术。初学武术的习练者可能会觉得本书很有趣，但它对中级和高级武术习练者最为有用。

与大多数其他武术书籍不同，本书的特征是假定读者已经熟悉本书所介绍的各种技巧。我们不教授任何武术技术；更确切地说，我们强调并讨论施展某项技术所用到的主要肌群，同时提出强化和拉伸这些肌肉的建议方法，以提高这项技术的质量。即使是像前踢这样的基本动作，根据武术流派的不同，教授的方式也千差万别，所以我们希望通过强调身体的基本结构，特别是肌肉组织和动力链，使得每种技术的基础都可以被重新讨论。

可能你会认为我们强调的某些肌肉不正确或者不完整，但至少我们已经完成了我们的首要目标——让你思考每种技术的基础。我们希望，通过回顾你的动作——尤其是动作中使用到哪些肌肉，促使你加强训练，以完善实际驱动那些技术的力量和动作。

武术的解剖学

我们所做的每一个动作，无论是坐、站、跑还是踢，都需要250对相互拮抗的骨骼肌（可以自主控制的肌肉）的精密"编舞"，因为这些肌肉负责我们的206块骨骼的运动。这些骨骼分布如下。

29块在头部和颈部

2块锁骨（人体最常见的骨折部位）

2块肩胛骨

1块胸骨

24块肋骨

26块在脊柱

2块在骨盆

60块在手臂（双上肢各有3块）和手部（双手各有27块）

60块在腿部（双下肢各有4块）和足部（双足各有26块）

简而言之，每个肌群都具有一系列特定的功能，并且通常有与之相对应的拮抗肌或拮抗肌群。例如，肱二头肌负责在肘部弯曲手臂，而肱三头肌负责伸直手臂，因此，肱三头肌必须舒张才能做到屈肘。任何扰乱这种拮抗作用的行为都会影响动作的完成（如肱二头肌过紧会阻碍手臂完全伸展）。本书最后一页以不同颜色标记的图示，特别展示了各肌群所能完成的动作。你也可以在附录中找到相关图表，这些图表列出了关键肌肉及其功能。

本书省略了头颈部的29块骨骼，但额外强调了头部必须受到保护时的情况（如在后倒时要收下巴）。剩下的177块骨骼以及使这些骨骼产生运动的肌肉，使得武术与格斗习练起来既非常有趣，同时也困难重重。招式如果施展得当，就不仅仅是一组动作，而是一首名副其实的动作"交响曲"。这使得识别特定技术中涉及的肌肉成为一项挑战。即使是像后手拳一样看似简单的技术，也需要武术家以特定的顺序、时机完成一系列独特的动作。

本书并非要描述某个技术动作所有阶段涉及的全部肌肉；相反，本书要强调的是那些关键肌肉，以及这些关键肌肉中参与协同作用的动力肌群。我们希望，这可以帮助你重新理解多种技术动作，以及如何优化这些技术。

运动中的力线：动力链

　　不仅手部攻击和踢击需要动力，摔法、跳跃、倒地及利用扭转来反擒拿也需要动力。许多人使用"动力链"这一术语来指代身体的力量外放顺序，这一概念也可解释为多个肌肉协同作用时产生的特定动力线。虽然有些运动领域已经解释并使用了一些动力链概念，但是本书只重点分析6个主要的动力链（当然，还有很多其他的动力链，但为了简便起见，我们将着重分析这6个）。即使是"简单"的武术技术，实际上也非常复杂（至少要有两三种这样的动力链一起运作，才能在所需方向上产生源源不断的动力——这种情况很常见）。

　　下面描述的6个动力链作为关键驱动力各自负责身体的不同动作。每个描述包括相对有效范围、速度、力量以及基于该动力链的几个技术示例。

　　后侧动力链： 这种髋关节向前的动力驱动（有时称为骨盆推力）是一种中程、慢速且强劲的运动，通常用于将腿部的驱动力与躯干的重量或者上半身的驱动力协同一致发力。这个动力链可能是最难体会的，而且在"气"的练习和其他基本发力技巧中，它通常是核心组成部分。"后侧动力链"之所以叫这个名字，是因为它所涉及的肌肉位于身体后侧，从腿部腘绳肌一直延伸直到上背部背阔肌。后侧动力链在标准的后手拳或者地面技起桥动作中至关重要。

　　腿伸动力链： 这种远程、快速且强劲的腿部驱动力，涉及髋关节、膝关节和踝关节的伸展。它通常与踢击或者提拉动作相关。

　　髋转动力链： 这是一种短程、慢速却极其强劲的驱动力。此链与腿部运动和身体扭转（如施展过腿摔）密切相关。

　　身侧动力链： 这是一种中程、慢速、中等力量的驱动力，与将身体扭转到一侧的动作都有关，例如侧踢、部分摔法和许多地面技术。

　　肩转动力链： 这是一种短程、中速且强劲的驱动力。肩部的转动与手臂的运动密切相关，与身体的扭转也略有关系。此动力链在使用手部攻击时经常用到。

　　臂伸动力链： 此动力链与肩部、肘部和腕关节处的屈伸相关，属于远程、非常快速和中等力量的驱动力。多用在手部攻击、格挡或者使用推类技术动作时。

　　动力链的基础发力点是否牢固可靠对于将力量高效地传递到对手身上至关重要。例如，肩膀松垮会导致在臂伸（如一次出拳）期间力量传递不佳，而稳定坚实的骨盆带状肌群则能带来更有力、更有效的踢击。因此，动力链依靠肌群推动身体某个坚实的部位，或者某个固定物体，比如地面。

我们来看一个简化示例：右手后手拳中使用到的多种动力链。

1. 左腿向前迈一步，用后腿（右腿）驱动身体向前（后侧动力链）。

2. 绷紧前腿（作为支点），使用后腿和髋部，向前扭转右髋（髋转动力链）。

3. 绷紧腿部、髋部和躯干的肌肉作为基础，扭转肩膀，使右肩向前、左肩向后（肩转动力链）。

4. 以现在绷紧的肌肉为基础框架，旋转伸出右臂来出拳（臂伸动力链）。注意，整个过程中将右拳拳心旋转向下，可以有效地将前臂的两根骨头（尺骨和桡骨）互相交叠以绷紧手臂，从而更有效地将击打力量传递到目标上。

虽然上述示例明显过于简单且不够完整，但足以说明，即使是一个"简单"的后手拳也是一系列复杂动作协同运动的结果。这种对动态肌肉（移动）和静态肌肉（绷紧但不移动）的混合使用，非常讲究时机，这也使得书中对技术的阐述，最初会让读者感到有些难以理解。但是，尝试将这些技术动作分解，可以让我们提出各种对训练和拉伸动作的建议，从而进一步强化这些招式。

我们来看一个复杂得多的例子——旋子中使用到的动力链。（参见右图）

1. 从站姿开始，快速左转，向外向后跨步，同时伸展手臂，俯身平行于地板（肩转动力链、髋转动力链、身侧动力链和臂伸动力链）。

2. 弯曲左腿，继续向下向后驱动身体以蓄力。

3. 蹬左腿，使身体腾空，同时伸直的右腿和手臂在背后形成反弓（腿伸动力链）。

4. 在腾空的中段平展身体（后侧动力链）。

5. 落地时，右腿先落向前下方，以承担体质量。

旋子

冲击的影响和误用的后果

武术一般会对身体产生一定的冲击。大多数冲击显而易见，比如击打技术中的踢击和拳击，以及摔法技术中用到的倒地技术。在所有运动冲击造成的后果中，最危险的就是脑震荡或脑挫伤——因头部和颈部受到击打或剧烈晃动造成；对待这些问题必须非常严肃，因为它们既能产生短期影响，也能产生长期影响。其他的冲击就不那么明显了，比如用身体各个部分（包括手和脚）击打坚硬物体（如砖块和木板）带来的长期影响。许多人没有意识到，虽然这种击打的短期影响可能比较轻微，但长期影响（如关节炎）可能会很严重，甚至影响生活。

武术表演中常常有一种形式，就是表演者腹部受到击打，却没有任何不良反应。然而，需要牢记的一点是，被攻击本身是很危险的，表演必须在可控的情况下才能进行；即使是训练有素的习练者，也需要片刻时间来绷紧肌肉，才能将承受的击打力量从脆弱的内脏器官上转移开。

世界著名的魔术师哈里·胡迪尼（Harry Houdini，1874—1926年），50岁出头时依然在表演那些高强度的逃脱魔术，并且身体状况依旧保持良好，其中他经常用来展示自己身体力量的一个表演，就是邀请高大强壮的年轻人击打他的腹部。他经常做这样的表演，却没有受到击打的任何不良影响，直到有一天，一个年轻人走进胡迪尼的更衣室，在胡迪尼毫无准备的情况下，出其不意地给了他一拳。几天后，胡迪尼死于肠破裂。

那些在人生的头几十年追求"四肢发达"的人，应该重新考虑这件事——他们对骨骼和肌肉造成的伤害，可能要到四五十岁才会开始严重影响他们的生活。一些常见的长期损伤部位包括手部和脚部（因击打坚硬物体导致损伤），以及肘部和膝盖（因反复的冲击、扭转和过度伸展导致损伤）。同时肘部和膝盖的损伤也会因为过度使用手腕和脚踝来负重而严重恶化。

常见的肌肉滥用包括：①重复动作直到身体出现损伤（重复性压力问题）；②所谓的二次伤害，即已经受伤的习练者继续训练时产生的伤害。这种情况会导致练习者的训练动作变形或无法保持平衡。例如，如果你的右膝盖受伤了，为了避免损伤加重，你可能会给左腿施加额外的压力，进而由于这种不平衡的练习造成二次伤害。虽然从实践的角度来看，我们知道武术家经常处于轻度受伤的状态，他们也必须在这些不便的情况下继续训练，但是这种坚持训练，必须以一种明智的方式进行，以避免进一步的损伤。

通过学习和练习正确的武术格斗技术，可以把对身体冲击的影响最小化。而且，在一定限度内，依然可以很好地练习武术格斗技术直到老年。

类固醇

类固醇实际上泛指一大类激素。某些类型的类固醇，如可的松（cortisone，只能通过医生处方获得，用于治疗哮喘和关节炎等问题），在正确使用时是有益的。一组被统称为合成代谢类固醇的上百种人造激素被用来人为地提高肌肉的质量、力量和耐力。这些非法的睾酮类激素也会造成许多短期和长期的副作用，如脱发、心脏病、肝损伤等。虽然服用合成代谢类固醇造成的所有长期问题并没有被全面发掘，但有一件事已经得到了充分证明：肌肉质量的增加与骨骼和韧带的增强并不成比例。因此，肌肉质量的增加会直接导致关节和骨骼产生不可逆的损伤。我们的建议是，除非医生开了处方，否则不要使用类固醇。

高效能攻击背后的物理学

　　武术习练者通常会问，"我怎样才能在一次击打中释放尽可能多的能量？"这个问题的确切答案很复杂（你可以想一下物理方程），而答案通常也没多大帮助。此外，要施展出高效能击打涉及许多因素，其中包括击打面（通常是手或脚）和击打目标间的相对速度，击打面和击打目标面的弹性，以及体质量等因素。冒着有可能将答案过度简单化的风险，我们使用3个相对简单的概念来表述。

　　概念1——动态肌肉和静态肌肉：动态肌肉是指可以使部分身体产生运动的肌肉，这些肌肉用来给身体加速，施展某种技术，并让身体具有适当的速度。静态肌肉处于紧张状态，但不移动，可以帮助人体在移动或击打时尽可能多地使用体质量。另一种对动态肌肉和静态肌肉概念的理解是，许多肌肉都具有与它作用相反的拮抗肌；对于某个特定的动作，一块肌肉是用来加速动作的主动肌，而与它相对的拮抗肌则是用来减慢这一动作的。为了获得最大速度，当主动肌紧张或收缩时，拮抗肌必须放松。例如，在出拳时，肱三头肌（主动肌）伸展手臂，而肱二头肌（拮抗肌）放松手臂。然而，在动作结束时，通常建议调动拮抗肌，以一种可控制的方式来减慢动作，以防止关节过伸。

　　概念2——动能：动能的定义是击打物体的质量乘以物体速度的平方除以2（$m \cdot v^2/2$）。换句话说，体质量对于击打非常重要，这也是绷紧静态肌肉很重要的原因——将体质量与击打的能量有机联系起来。例如，如果你在出拳时，不使用肩膀和躯干的静态肌肉，那么你可能只产生一个单位的能量，因为只有拳头和前臂的质量被用于施展这一攻击。如果你在击打过程中绷紧上臂和肩膀，击打的有效质量很容易增加为原来的5倍，产生的能量也会增加为原来的5倍。然而，更重要的是击打时要有良好的速度——如果你将击打速度加倍，能量就会增加为原来的4倍（2的平方）。因此，如果你将有效质量或体质量增加为原来的5倍，并将击打速度加倍，那么击打的总能量可以增加20倍（5乘以2的平方）。说到底，击打时有效质量的增加与速度的增幅都很重要。而问题在于，一方面，为了增加击打的有效质量，你必须绷紧正确的静态肌肉；绷紧错误的肌肉则会减慢击打的速度。另一方面，为了增加击打速度，动态肌肉必须绷紧，而拮抗肌必须放松——这将减少参与击打动作的有效质量。因此，当你想要增加一击所蕴含的能量时，需要在增加击打的有效质量和增加击打的速度之间，进行复杂的权衡。而且绷紧动态肌肉和静态肌肉的时机也至关重要。不过，如果只能选择其一的话，提高速度对于增加击打能量通常更为有效。

　　概念3——弹性碰撞与非弹性碰撞：击打具有一定的内能。根据能量守恒定律，能量总会转移至某处：能量可能通过击打面传导至所击打的目标，对目标造成伤害；也可能从击打面转移至击打目标后，造成目标无伤之下向后飞起（当击打目标跌至地面或撞到墙上时，可能会发生损伤，但那就是另一回事了）；或者，可能会击中一个坚硬的、不能移动的物体，这时击打面要么受到损伤，要么只是从目标表面弹开。你是不是经常会看到这种画面：一个初学者走到一个摇摆的沙袋前，狠狠地打一拳，结果却发现自己被反推了回来，而沙袋还在继续摇摆，完好无损。这就是一个弹性碰撞的例子，这是武术家希望避免的情况。下面是两个传统的、基于物理学的例子——用两个滚动的球来说明弹性碰撞和非弹性碰撞。

　　例1（弹性碰撞）： 拿两个台球，让它们相互碰撞。它们会以同样的相对速度（它们撞击时的速度）向远离对方的方向弹开，而且两个球都不会有损伤。

　　例2（非弹性碰撞）： 拿一个台球和一个黏土球，让它们相互碰撞。因为碰撞产生的部分能量会导致黏土球变形，所以这两个球将撞成一团。剩下的能量以比之前撞击要慢的速度推动刚刚形成的球团。

　　例1是初学武术者通常会遇到的情况——他们的击打没有效果。例2是武术家想要达到的目标。

本书作者莉莉·周（Lily Chou）又从同为作者的诺曼·林克（Norman Link）手里赢得了1分。

如何使用这本书

本书是包含50种常见武术格斗技术的图解指南。虽然这其中大多数技术（如出拳）都有数不尽的施展方式，但是我们重点分析的是不同流派都适用的基本要素。本书的目的不在于传授这些招式的技术特色，而是要指出施展这些技术时影响速度、力量和精准度的关键因素。虽然完成一项技术需要大量肌肉的共同参与，但我们只强调其中涉及的主要肌肉。在图解中，红色肌肉表示关键的动态肌群，或参与移动的肌肉；而蓝色肌肉是关键的静态肌群，或者需要绷紧但不产生位移的肌肉。请注意，从开始使用技术到结束的过程中，关键肌肉的状态也常常处在动态变化中。

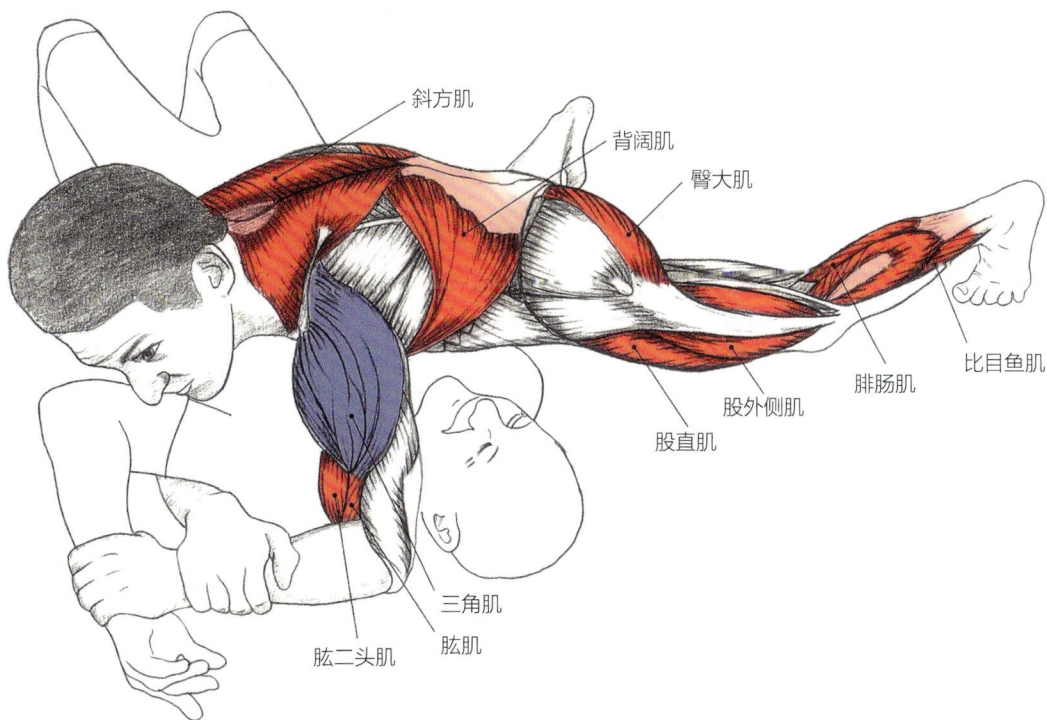

书中对影响每个技术特点的关键因素都进行了3个方面的阐释：技术的相对速度、施展该技术所需的相对力量，以及完成该技术所需的精准度。每一个说明都带有一个评分，如"2/10"或"9/10"。笔者认为，此类评分可以直观反映出这些因素对普通武术习练者的重要性。例如，上截击的力量要求评分为9/10，以强调力量在此技术中的重要性，但截击的速度评分仅为5/10。这并不意味着速度就不重要了，我们认为，在这一技术动作中，速度的重要性略逊于力量。

每个图解都配有数个针对这些关键肌肉的健身训练和拉伸动作，用以提高此技术的力量和（或）速度。在这些训练动作中，有一些你可能只会在武术中见到，有些则是普通锻炼动作和瑜伽姿势的变式；你可以从力量训练、瑜伽甚至是小学体育课中，发现这些训练和拉伸动作。由于已有成千上万的书籍和视频专门介绍各个健身领域［我们特别推荐莉莉·周的《武术家的瑜伽书》（*The Martial Artist's Book of Yoga*），你可以从该书中获得关于瑜伽姿势的详细信息，以及鲍勃·安德森（Bob Anderson）的《拉伸》（*Stretching*）］，所以我们只为那些还不太为人所知的动作提供说明（参见附录，第124～129页）。

你可以将这些训练和拉伸动作融合到你的常规训练中，也可以将它们作为单独的训练。练习的次数和组数可以根据个人偏好来决定，但还是有一些基本原则需要遵循，这取决于你想要通过训练来提高速度还是力量，抑或两者兼具。重量小、次数多的训练一般用来提高速度，而重量大、次数少的训练则用来增加力量。增强式训练（或称超等长训练），比如波比跳和击掌俯卧撑，既能提高速度，又能增加力量（即提高爆发力）。

请记住，每次锻炼后要让肌肉休息至少24小时（如果你做的是高强度的增强式训练，那么需要更长的休息时间）——休息可以让肌肉生长和自我修复。定期轮换训练内容也能给不同肌群带来更多的修复机会。脚踝或手腕上捆绑重物通常可以用于慢速的肌肉锻炼动作，但不适用于快速动作，因为关节部位——特别是肘关节和膝关节，可能会因为大量的关节过伸动作而受损。去掉负重后四肢确实会感到很轻盈，但负重的做法对肘关节、膝关节会造成很大的压力，许多关节损伤都是由这种做法导致的。一般而言，应避免使用腿部负重，因为这种做法导致的长期持续损伤可能远超短期内所获得的效益。

! 一些训练方式需要用到弹力带、哑铃和药球。由于弹力带可能会被拉断，对眼睛和其他部位造成严重伤害，所以练习前请一定要确保你的弹力带状况良好。

第二部分：技术

手部攻击和截击

　　手部攻击和截击需要精准协调的力量和速度，击打力通常起始于足部和腿部，进而向上传导穿过身体，最后从施展攻击的手部释放。根据习练者身体素质的不同，各手部技术教学中所用到的速度和力量的比重各有不同。

　　手部攻击一般比踢击更快、更精准，因为手臂的质量大约为腿部的一半，所以更快的速度弥补了手臂质量的相对缺乏。恰当的身体平衡和肢体旋转是施展有效手部攻击的关键。其他主要因素包括击打部位的表面积（以两个突出的指节击出一拳，通常比用掌根打出相同的一击更有效）和通过"用全身去攻击"带来的额外质量（即力量的增加）。虽然这些因素在"高效能攻击背后的物理学"（第7页）中已经讨论过，但你还是应该在教练的指导下对其进行详细回顾。

　　虽然踢击通常更有力，但是手部技术（包括截击）也可以打出很大力量。一次优秀的击打能产生多大的力量呢？简单的回答就是，一次有力的手部攻击，如后手拳，很少能打出超过1000磅（译者注：约450 kg）的力量；而一次有力的踢击，如转身侧踢，则可以产生高达2000磅（译者注：约900 kg）的力量。表演者通常用劈砖来展示其对手部攻击的精通，突出其力量与速度兼备。标准的掌根劈砖更强调力量，而倒立劈砖则更强调对速度和时机的把握。当你作为一名攻击者使用这些技术时，时机和力量、速度一样，都很关键。

　　由于篇幅限制，本书并没有对一个很关键的概念——呼吸和喊叫（"气合"，或称"精神之吼"）做过多的介绍。然而再怎么强调这个概念也不过分，因为它有助于集中精力和协调身体的动作，并使核心肌肉绷紧，从而形成更为坚固的基础结构来运动四肢。考虑到与腿部相比手臂相对较弱，因此这个概念对手部攻击和截击来说更加重要。

手部攻击和截击

- 前手拳
- 后手拳
- 掌根击
- 前手－手背刺拳
- 手刀劈掌
- 前摆肘
- 下截击
- 上截击
- 外截击
- 内截击
- 掌根劈砖
- 倒立劈砖

前手拳

前手拳是最快的直拳，以速度代替力量。因为手臂可运动距离相对较短，所以使用这种技术突袭对手很容易，因此它经常被当作初始动作。这种攻击通常针对面部，或为后续更有力的技术做铺垫。

速度（9/10）

这种击打的速度大部分来源于上身运动。为了尽可能地减少对手对攻击的察觉，身体的运动（如髋部和肩部的转动）应该精巧；手臂伸展是唯一需要做的大动作。

力量（4/10）

尽管大多数人强调这个击打技术的速度比力量更重要，并且要在转肩和伸臂的速度上下功夫，但是也有一些流派强调，髋部要有小幅度且有力的扭转，让驱使后腿的力量也能参与到击打中来。产生力量的一些关键因素如下。

身体驱动： 这个动作的力量很大程度上依赖于后侧动力链和肩转动力链协同工作。虽然施展技术时肩部转动很微小，但是在动作结束时保持肩部的绷紧比平时更为重要，因为对上身质量的驱动是力量的主要来源。

拳内旋： 进攻拳的拳心旋转朝下，可以扭转前臂的两根骨头（桡骨和尺骨），使它们在力学上更为牢固，弹性更小。这能让击打力量高效地传递到击打目标上。

精准度（7/10）

前手拳力量的相对缺乏意味着精准度至关重要。因为对手能看到即将到来的攻击，因此想精准击打到他们的面部是很困难的事情；注意不要把攻击意图"泄露"出去。在击打过程中，胸部与击打目标之间的角度会对击打效果造成很大影响。通常在击打时胸部会与击打目标形成一定夹角（可能是30°），这种较小的夹角能够让你处于有利位置，以施展连击或后续技术。但是，有时胸部角度必须转得更大（可能多达90°），具体转动角度取决于击打目标的位置。虽然这能扩大前手拳的攻击范围，但代价是减小了力量，且限制了可以立即跟进使用的技术数量。你应该练习各种夹角的站位。最好的办法是在镜子前练习或使用录像设备记录，抑或咨询教练如何同时保持速度和精准度，从而完善前手拳。

俯卧撑
强化胸大肌和肱三头肌

臂屈伸
强化肱三头肌

反向平板支撑
拉伸臂部、肩部和身体前侧

关键动态肌群

臂伸：三角肌、肱三头肌、胸肌、前锯肌

拳内旋：旋前肌（图中不可见）

身体驱动：股四头肌、小腿三头肌

关键静态肌群

腹肌、三角肌后束、臀大肌、股四头肌、腘绳肌

主要动力链

后侧动力链、肩转动力链、臂伸动力链

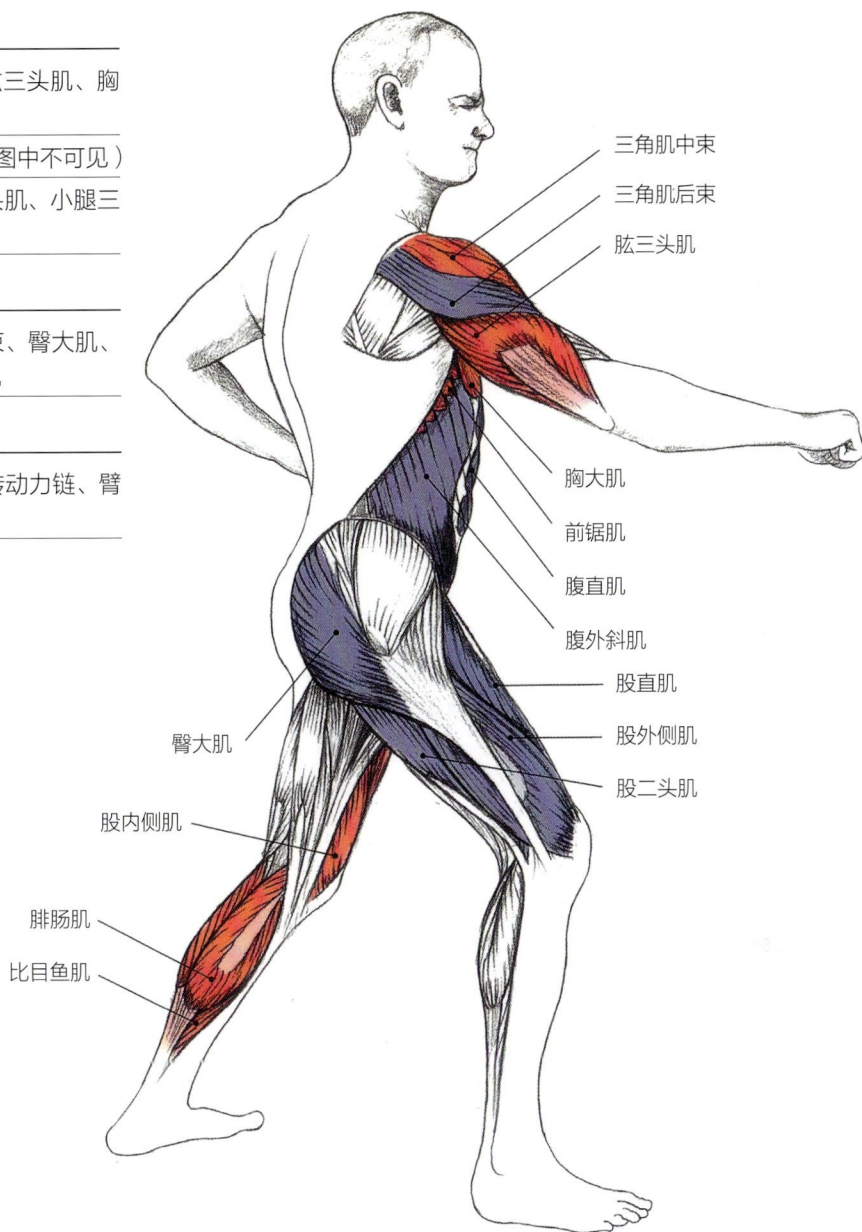

三角肌中束

三角肌后束

肱三头肌

胸大肌

前锯肌

腹直肌

腹外斜肌

股直肌

股外侧肌

股二头肌

臀大肌

股内侧肌

腓肠肌

比目鱼肌

手臂过胸拉伸
拉伸肩部

注意

1　练习时要注意避免肘部反复过伸——这种陋习可能导致多种损伤，其中最常见的是肌腱炎。后手拳引起这种损伤的情况不太常见，因为胸部肌群很容易控制后手拳。

后手拳

后手拳是最有力的直拳，是速度和力量的绝佳结合。因为参与攻击的手臂拥有相对较长的移动距离，所以使用此技术进行突然袭击不易成功。因此，该技术通常不会被当作初始招式来使用。攻击范围可以从对手面部一直到大腿，不过后手拳通常针对头面部或胸腹部。

速度（7/10）

后手拳是一种典型的动力链协同动作，这种击打的速度依赖于参与运动的多个动力链间的相互作用。

力量（9/10）

产生力量的一些关键因素如下。

身体驱动：这个动作的力量很大程度上依赖于后侧动力链、髋转动力链和肩转动力链的协同工作。

击打时的臂伸：决定击打力量的两个主要因素是拳头的速度和它所承载的质量。一般来说，拳头处于最大移动速度时，即是击打目标的最佳时机，这种情况下前臂通常与上臂的延长线约呈45°角。注意：一些流派认为，击打时机应该再晚一点，也就是说，虽然你的拳速可能已稍稍放慢，但你的身体有更多的机会使静态肌肉绷紧，这样就能为一次击打带来更多质量。

拳内旋：施展时拳心旋转朝下，可以扭转前臂的两根骨头（桡骨和尺骨），使它们在力学上更为牢固，弹性更小。这能让击打力量高效地传递到击打目标上。

精准度（9/10）

虽然后手拳是最有力的手部攻击方式之一，但是如果击打的目标不够理想（如打到胸部或背部）的话，此次进攻机会很有可能被浪费。根据对手的动作来把握击打时机至关重要：如果对手在你击打的瞬间移开，那么这次击打的相对速度和有效质量就会降低。你可以利用摆动的沙袋来练习如何把握时机；但是注意不要内扣或扭曲手腕，这会导致扭伤或脱臼。

俯卧撑（译者注：窄距钻石俯卧撑）
强化胸大肌、肱三头肌和腕伸肌

臂屈伸
强化肱三头肌

弓箭步 + 转体
提高髋部灵活性，同时发展核心力量

关键动态肌群

臂伸：三角肌、肱三头肌、胸肌、前锯肌

拳内旋：旋前肌（图中不可见）

髋部扭转：腹斜肌

身体驱动：臀大肌、股四头肌（图中右腿）、小腿三头肌

关键静态肌群

腹直肌、三角肌后束、股四头肌（图中左腿）、内收肌群、腘绳肌、耻骨肌、股薄肌

主要动力链

后侧动力链、髋转动力链、肩转动力链、臂伸动力链

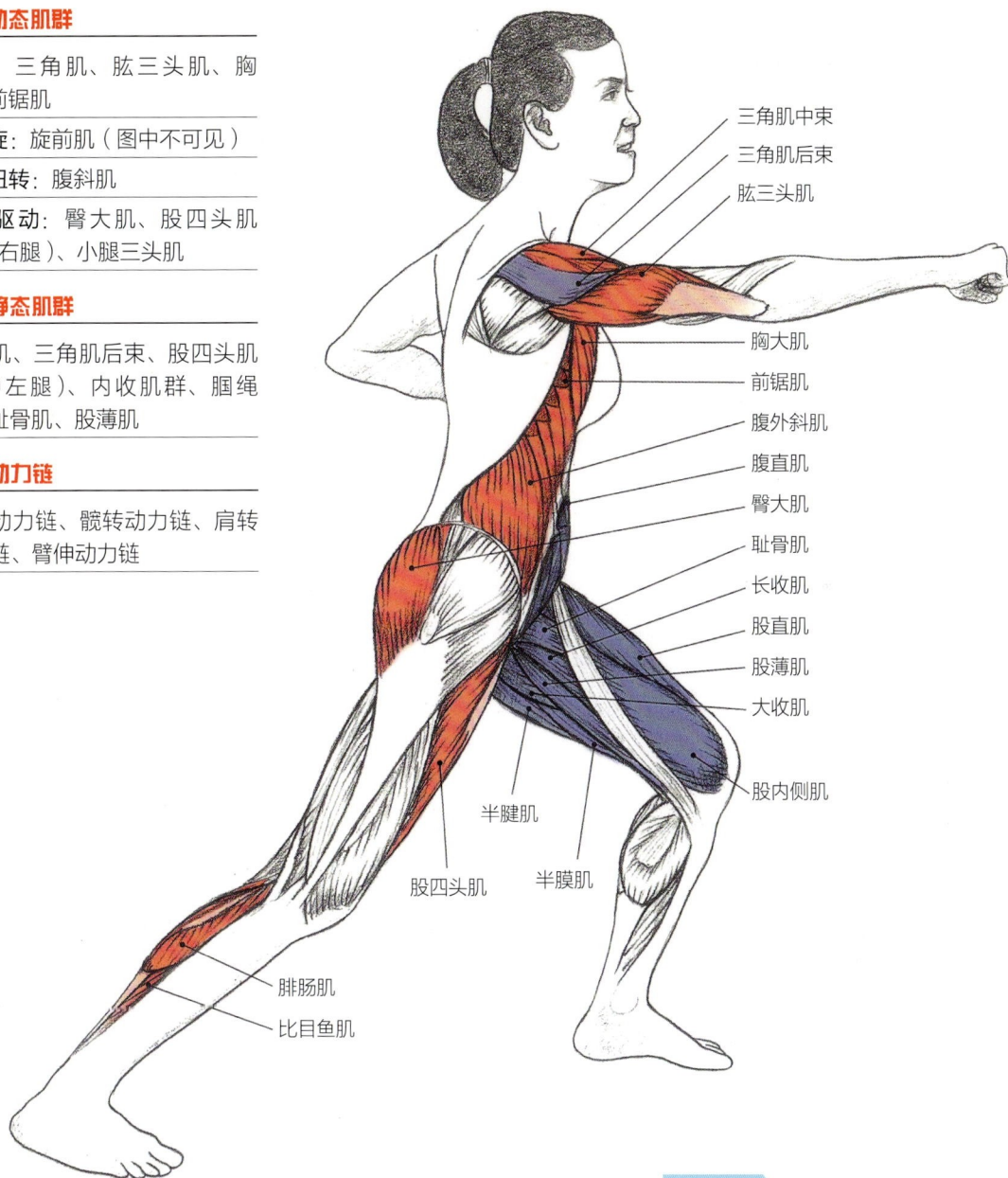

三角肌中束
三角肌后束
肱三头肌

胸大肌
前锯肌
腹外斜肌
腹直肌
臀大肌
耻骨肌
长收肌
股直肌
股薄肌
大收肌

股内侧肌

半腱肌

半膜肌

股四头肌

腓肠肌
比目鱼肌

注意

1 因为腕屈肌（手掌方向）几乎总是比腕伸肌（手背方向）更强壮有力，所以如果在出拳时手腕内扣，很容易对腕关节造成损伤。因此，为了防止出现此类情况，那些做大量出拳训练的武术格斗家们，应该偶尔进行针对腕伸肌的锻炼。

战士 1 式
强化下半身肌群；拉伸股四头肌和肩部

反向平板支撑
拉伸臂部、肩部和身体前侧

掌根击

在传授这个强有力的手部攻击技术时，往往要从前手和后手两个不同的攻击站姿来解说。进行前手掌根击，速度更快但力量稍逊；而本节图解中使用的后手掌根击虽然稍慢但是更具力量。此技术经常把面部、下颌、太阳神经丛（译者注：心窝区域），以及腹股沟（译者注：大腿根部）区域作为攻击目标。

速度（9/10）

掌根击与后手拳的攻击速度相同，只是手部的扭转和最终位置会因目标选择的不同而有差异。您可以通过以下两点来提高攻击速度：改善击打的直接程度（击打路线尽量为直线）；尽量在掌根击中目标的同时干脆利落地将手指弯曲收向掌心。

力量（7/10）

绷紧锁住从后脚一直延伸到攻击手的相关肌肉，这样可以最大化这一击所承载的体质量，为此次击打提供力量。产生力量的一些关键因素如下。

身体驱动： 这个动作的力量来源很大程度上依赖于后侧动力链、髋转动力链和肩转动力链的协同工作。

击打时的臂伸： 决定击打力的两个主要因素是手部的最终速度和此次攻击所承载的有效质量。一般来说，手掌处于最大移动速度时，即是击打目标的最佳时机，这种情况下前臂通常与上臂的延长线约呈45°角。注意：一些流派认为，击打时机应该再晚一点，也就是说，虽然你的攻击速度可能已稍稍放慢，但你的身体有更多的机会使静态肌肉绷紧，这样就能为一次击打带来更多质量。

掌内旋： 施展时掌心旋转朝下，可以扭转前臂的两根骨头（桡骨和尺骨），使它们在力学上更为牢固，弹性更小。这能让击打力量高效地传递到击打目标上。然而，在进行掌根攻击时做到内旋手掌并不总是可行的，主要取决于你所要攻击的目标部位是哪里。

精准度（9/10）

此攻击是非常具有力量的，但是如果击打的目标不够理想（如打到胸部或背部）的话，此次进攻就很有可能收效甚微。根据对手的动作来把握击打时机至关重要：如果对手在你击打的瞬间移开，那么这次击打的相对速度和有效质量就会降低。

俯卧撑
强化胸大肌和肱三头肌

臂屈伸
强化肱三头肌

弓箭步 + 转体
提高髋部灵活性，同时发展核心力量

关键动态肌群

臂伸：三角肌、肱三头肌、肘肌、斜方肌、前锯肌

掌内旋：旋前肌（图中不可见）、腕伸肌

身体驱动：臀大肌、股四头肌、小腿三头肌

关键静态肌群

腹肌

主要动力链

后侧动力链、髋转动力链、肩转动力链、臂伸动力链

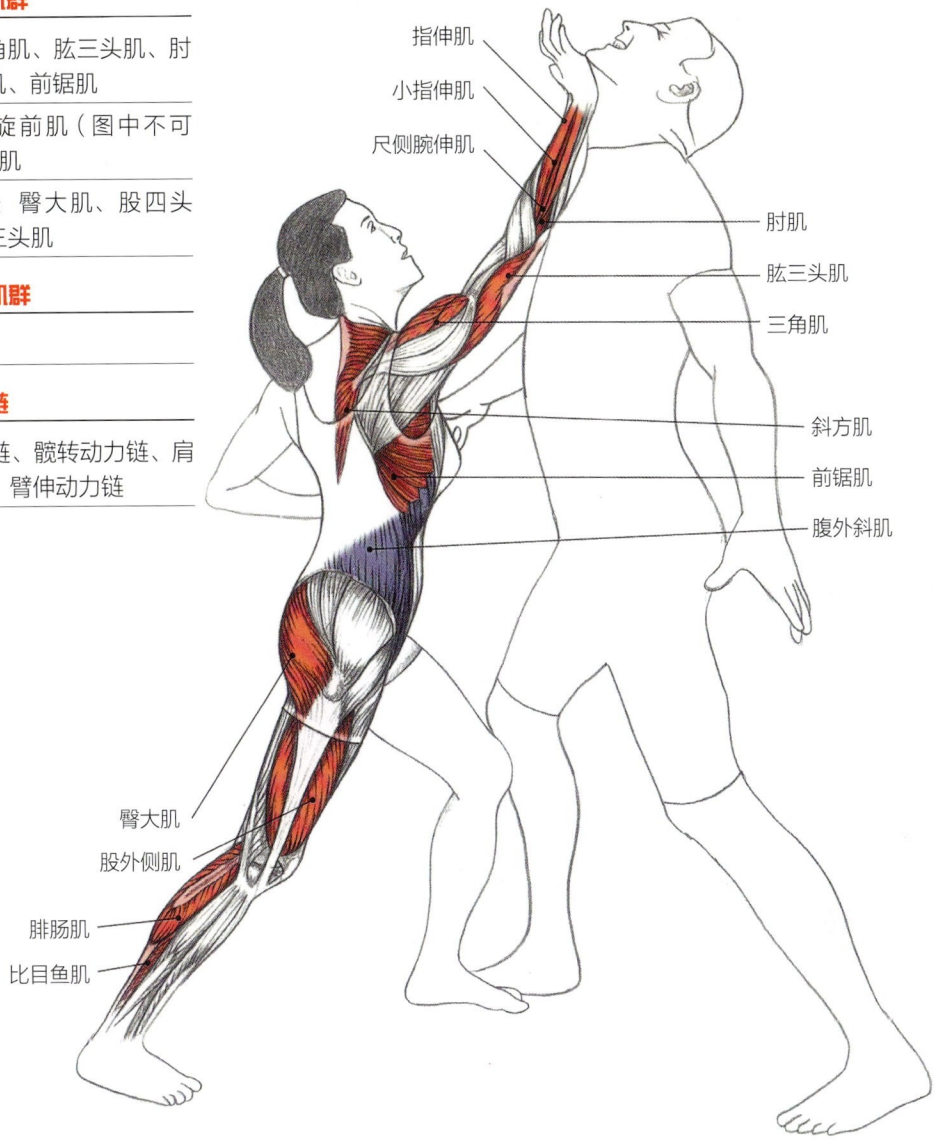

指伸肌
小指伸肌
尺侧腕伸肌
肘肌
肱三头肌
三角肌
斜方肌
前锯肌
腹外斜肌

臀大肌
股外侧肌
腓肠肌
比目鱼肌

反向平板支撑
拉伸臂部、肩部和身体前侧

跪姿前臂伸展
拉伸手腕与前臂

注意

1 击破木板或砖块时，强烈建议使用掌根击，而不要使用拳头，因为这可以保护指关节。

2 进行攻击时，不要用拇指一侧的掌根进行击打，因为这有可能损伤拇指神经。

3 如果你的手指回弯的程度不足，有时指尖会比手掌先一步击打到目标，这样将会减少此次击打的有效性。

前手-手背刺拳

作为速度最快的手部攻击方式之一，前手-手背刺拳的绝佳速度配合足够力量的一击，即使无法造成不省人事的效果，也会把对手彻底打蒙。因为该动作行程距离短、速度快，所以经常被作为初始招式来施展。击打目标通常是头面部，但也有一种常见的变招是击打腹股沟。教学中也流行使用回身鞭拳的方式来施展此技术。

速度（7/10）

你的出手速度及与身体弓步前倾之间配合的时机是决定这一拳是否有效的关键因素。这项技术极大地依赖身体的驱动与扭转。

力量（6/10）

在前手-手背刺拳中绝大部分的攻击力来源于你的拳速，因为该击打所承载的体质量很小。使用旋转回身手背鞭拳的方式会更加具有攻击力，因为这样会附加更多的体质量在其中。产生攻击力的一些关键因素如下。

击打时的臂伸：肩与肘迅速展开时所带动的手臂弹出伸展，产生了绝大部分的攻击力。虽然这通常归功于肩转动力链的作用，但身侧动力链和髋转动力链也很关键。

手腕内扣：在击打到目标的瞬间，最初内扣的手腕弹开绷直，给击打最后阶段赋予鞭子般的攻击力。

精准度（9/10）

由于此招式并不具有很强的力量，所以有效击打部位十分有限，因此精准度至关重要。你可以通过练习来提高精准度，例如让陪练拿两个手靶，在头面部和腹股沟的高度快速出示，以此进行高速击打练习。

战士2式 拉力带版（第126页）
强化腿部、臀部、肩部的肌肉，强化肱三头肌；拉伸胸部

弓箭步 + 转体
提高髋部灵活性，同时发展核心力量

宽站距俯身向后 + 肩部拉伸
拉伸腘绳肌、内收肌群、肩部

关键动态肌群

臂伸：斜方肌、菱形肌、肱三头肌、肘肌、三角肌

腕内扣：腕伸肌

身体驱动：臀大肌、臀中肌、股四头肌（图中不可见）、小腿三头肌

身体扭转：腹外斜肌（图中右侧）

关键静态肌群

三角肌后束、腹外斜肌（图中左侧）

主要动力链

身侧动力链、髋转动力链、肩转动力链、臂伸动力链

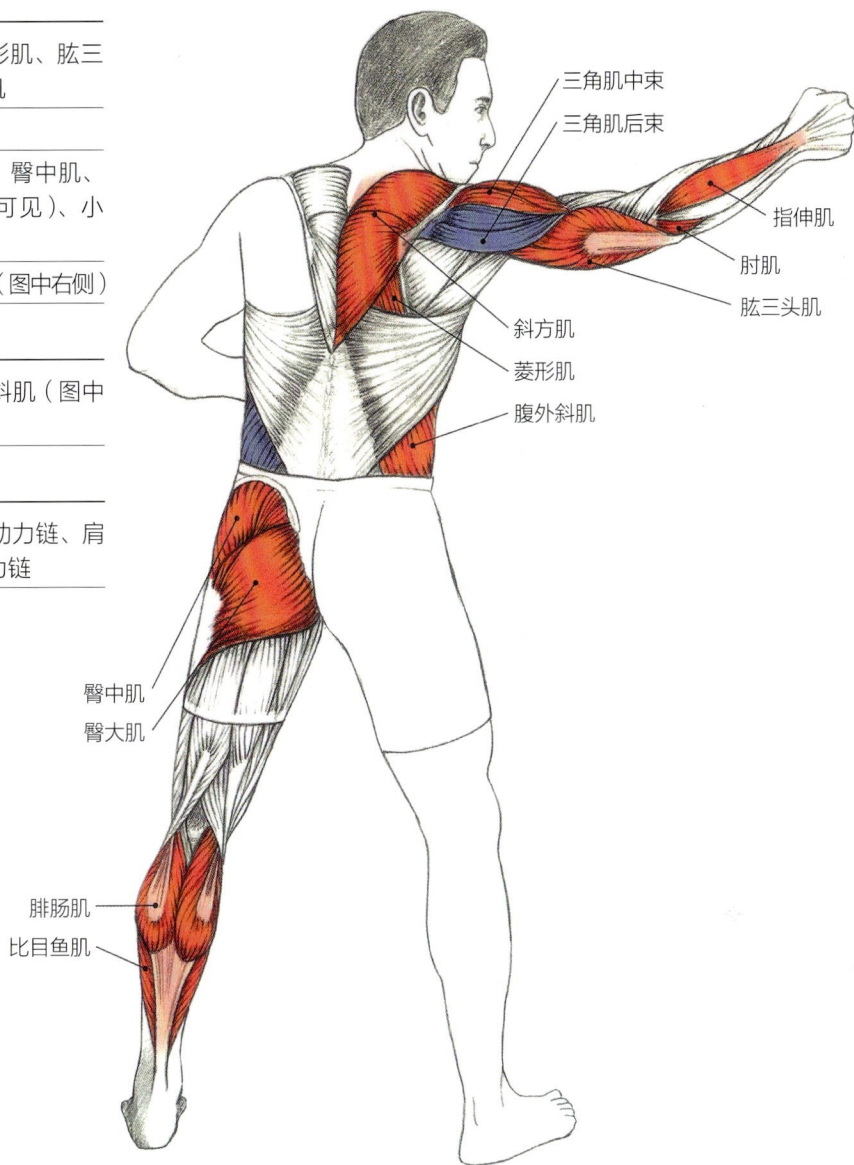

三角肌中束

三角肌后束

指伸肌

肘肌

肱三头肌

斜方肌

菱形肌

腹外斜肌

臀中肌

臀大肌

腓肠肌

比目鱼肌

注意

1　有些流派教授旋转回身手背鞭拳时，会用拳底部代替手背关节。此变式可以保护肘部，防止该技术被格挡或卡住时肘关节过伸。

手臂过胸拉伸
拉伸肩部

手刀劈掌

　　绷紧的手刀外缘令此攻击既快速又硬实。因为这种攻击方式所能承载的力量并不算多，所以在大多数情况下用于特定的小区域目标。图示为以击碎对方锁骨为目的的击打技术。

速度（7/10）

　　臂伸、肩转以及尺侧（小指一侧）腕部的迅速内扣绷紧产生了手刀技术的绝大部分速度。想施展出迅速有力的一击，迅速内扣的手腕以及紧实的掌缘缺一不可。

力量（4/10）

　　在自卫的情况下，如图所示，这种击打的威力通常不如其他手部攻击技术的威力大。因为作为挥砍技术，这一击本身并不能承载多少体质量。也就是说，有经验的习练者可以通过手臂上扬创造更长的发力线，进而下劈击碎木板、砖块或者冰块。不同的是，在自卫的情况下，并没有足够的时间或空间来施展这种上扬蓄力的方式，而且即使这样做了，对手也会察觉到这一攻击的来袭，并会以格挡来应对。

精准度（8/10）

　　劈掌相对弱势的攻击力，使得精准度在此技术中显得尤为重要。锁骨有可能是手刀劈掌最为优选的攻击目标。围绕着"通过精准击打锁骨上的哪一个点来击断它"有许多争论。然而，在大多数处于自卫情况下的习练者并没有对此进行过专项练习，因此我们建议仅瞄准锁骨中段就够了。当然也有很多部位可以用作替代的目标［如太阳穴、下颌角、颈部侧面、浮肋（译者注：第11和12肋骨）、腹股沟或者肋骨外侧］，但是绝大部分目标区域都很小，需要通过练习来提高击打的精准度。

拳击仰卧起坐（第125页）
强化核心肌群并击打相关肌群；提高躯干灵活性

弓箭步 + 转体
提高髋部灵活性，同时发展核心力量

宽站距俯身向前 + 肩部拉伸
拉伸腘绳肌、内收肌群、肩部

关键动态肌群

臂伸：三角肌、肱三头肌、胸肌、前锯肌

腕内扣：旋后肌（图中不可见）

身体驱动：股四头肌、臀大肌、小腿三头肌

关键静态肌群

腹肌、斜方肌、肱二头肌、肱桡肌、腕伸肌

主要动力链

髋转动力链、肩转动力链、臂伸动力链

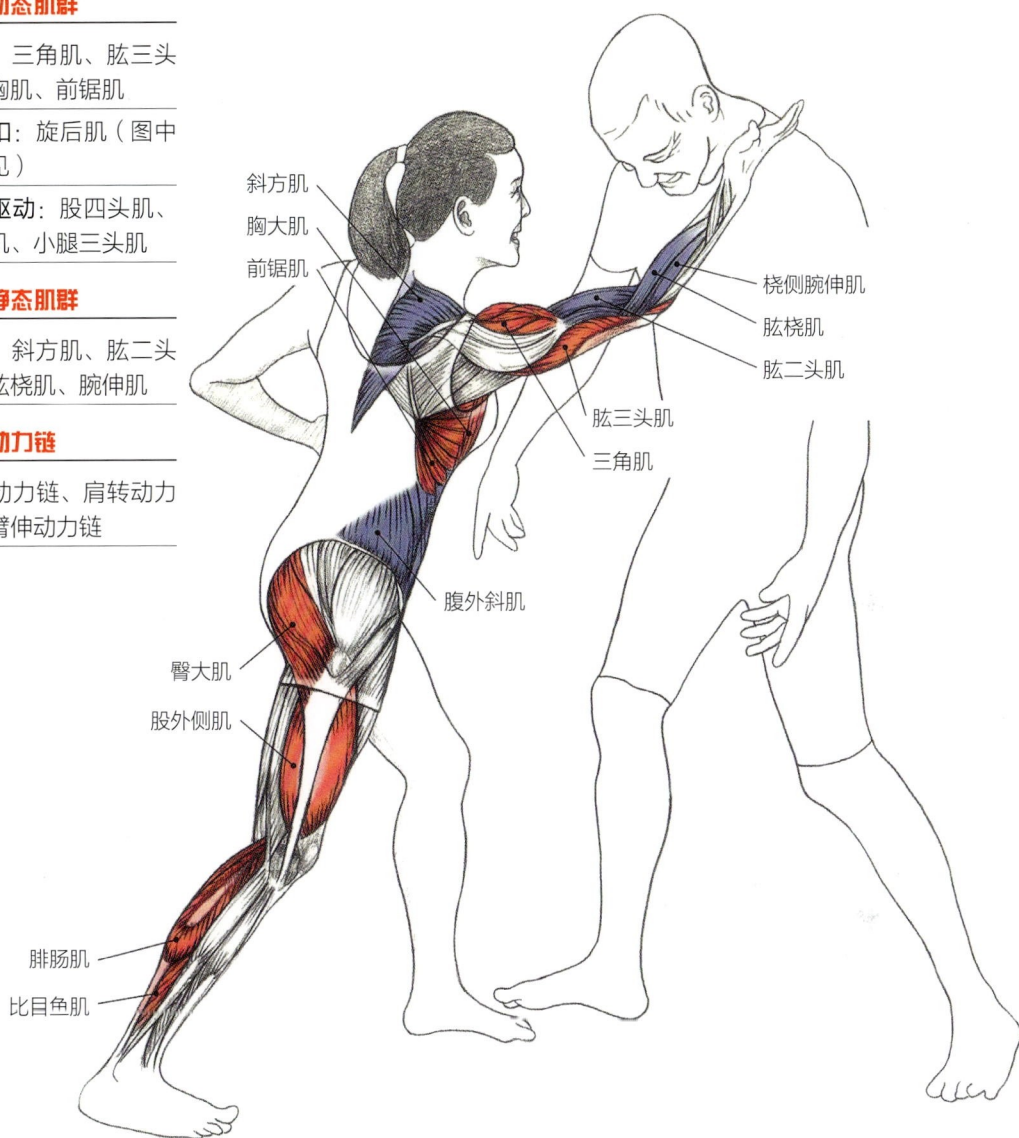

斜方肌
胸大肌
前锯肌
桡侧腕伸肌
肱桡肌
肱二头肌
肱三头肌
三角肌
腹外斜肌
臀大肌
股外侧肌
腓肠肌
比目鱼肌

立肘肩部拉伸
拉伸肩膀与肱三头肌

注意

1　自然流畅的劈掌需要肩转、臂伸与扣腕精准协调。然而，与大多数手部攻击不同的是，劈掌不仅需要肩膀、躯干、手部与腿部绷紧，还需要手臂绷紧。

2　绷紧手刀劈掌技术的复杂性超出了本书的讨论范围，然而它是对目标施展出一个犀利击打不可或缺的重要因素。

前摆肘

此攻击可以算是手和手臂攻击中最具威力的技术，肘部直接攻击非常强大，但本质上来说速度并不快，而且有效空间非常小。此技术主要推荐用于近身自卫时。

速度（3/10）

比起手部与足部的攻击方式，肘部的攻击速度相对较慢。因为此攻击用于近身时，所以速度的重要性略低于力量。

力量（9/10）

产生力量的一些关键因素如下。

肩部的转动： 虽然这个动作主要涉及肩转动力链，但是这之中依然包含了许多变化，比如用非击打手把肘击的目标拉向你的攻击范围，或者使用非击打手拉住进行肘击的手臂，使整个攻击扫过对手中轴线。

胸部角度： 为了确保击打所背靠的体质量充足且坚实，胸部应该与肘击目标的接触点处于同一平面。

手臂屈曲： 肩与肘迅速展开时所带动的手臂弹出伸展，产生了绝大部分的攻击力。虽然这通常归功于肩转动力链的作用，但身侧动力链和髋转动力链也很关键。手臂的屈曲主要由胸肌和三角肌前束来驱动，但是也可以通过把攻击手迅速拉向胸部来进行辅助加力。

精准度（5/10）

因为肘击的攻击范围小，所以精准度尤为重要。攻击距离短意味着可能会错失目标，或者常常无空间施展发力。此技术如果使用得当是非常具有威力的，但是如果肘击打中的是对手胸部平面，那么此攻击就收效甚微。肘击对于头部的大多数区域都是有效的，但是鉴于它速度很慢且对手很可能注意到这一招式的来袭，所以头部是一个难以击打的目标。

拳击仰卧起坐（第125页）
强化核心肌群并击打相关肌群；提高躯干灵活性

弓箭步 + 转体
提高髋部灵活性，同时发展核心力量

战士 1 式
强化下半身肌群；拉伸股四头肌和肩部

三角肌

肱二头肌

肱肌

胸大肌

前锯肌

腹外斜肌

腹直肌

股直肌

股外侧肌

股内侧肌

腓肠肌

比目鱼肌

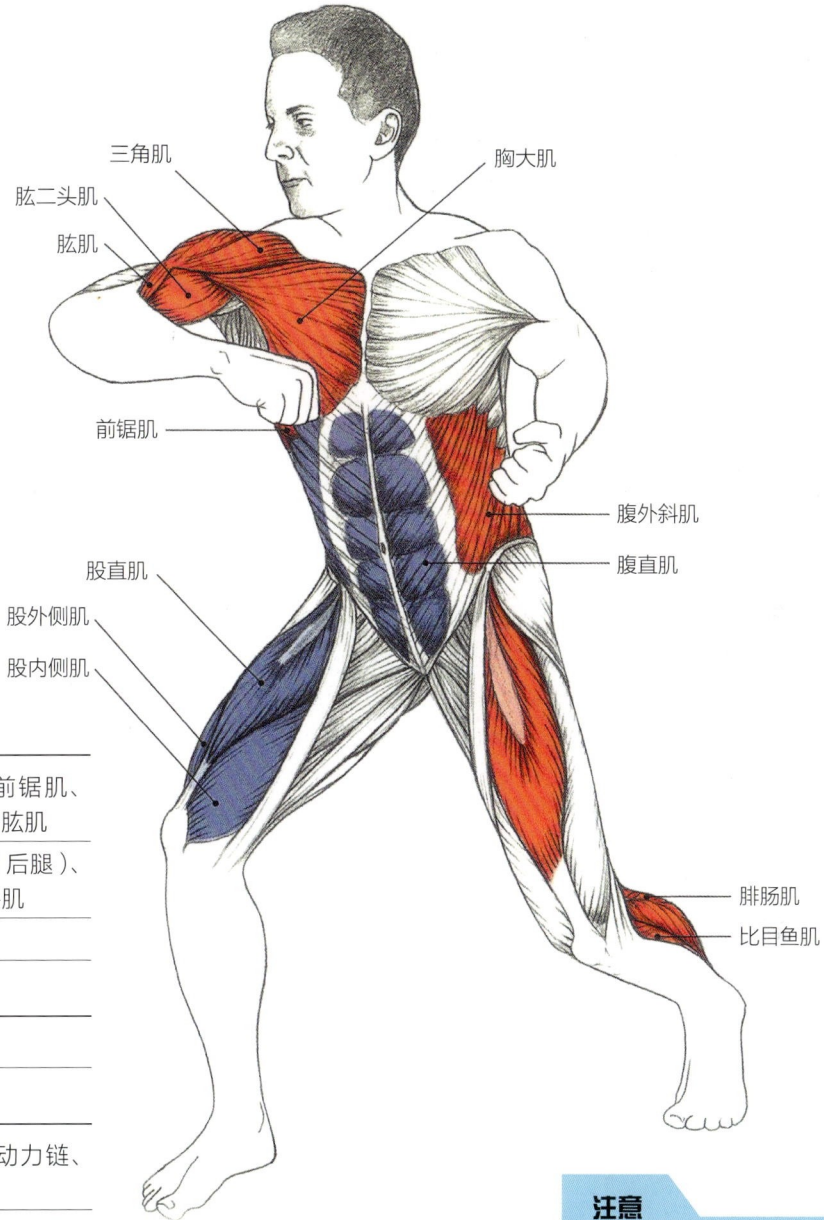

关键动态肌群

肘部驱动：胸肌、前锯肌、
三角肌、肱二头肌、肱肌

身体驱动：臀大肌（后腿）、
股四头肌、小腿三头肌

身体扭转：腹斜肌

关键静态肌群

腹肌、股四头肌

主要动力链

后侧动力链、髋转动力链、
肩转动力链

宽站距俯身向后 + 肩部拉伸
拉伸腘绳肌、内收肌群、肩部

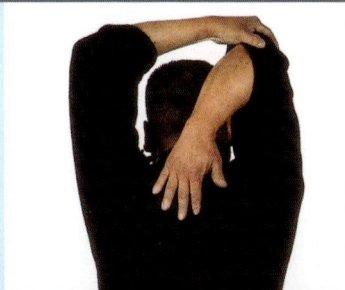

立肘肩部拉伸
拉伸肩膀与肱三头肌

注意

1. 肘击中肘部的击打面要位于肘
   尖以下（手掌方向）至少1英寸
   （译者注：约2.54 cm）。

2. 用肘尖进行击打会造成肘部损
   伤，因此要尽量避免此种情况
   的发生。

3. 回身肘击的击打面应该在肘上
   （译者注：肩膀方向）1英寸（译
   者注：约2.54 cm）或更高。
   而且回身肘击并不好掌握，因
   为肘上部存在多种不耐撞击的
   肌肉和神经。

下截击

这是一种既经典又强有力的截击动作，在对手踢击来袭时经常被作为首选格挡技术。此招有两种变式：硬截击与软截击。此处展示的就是硬截击，这是一项十分具有威力的技术，它要求直接击打进攻者来袭的大腿一侧。而软截击则是一种把握精准时机来带偏对手攻击的技术。由于踢击相对具有威力，身材瘦弱的人为了避免手臂骨折的风险，往往使用软截击的方式更多。

速度（5/10）

手臂的伸展产生了截击技术的绝大部分速度，而肩转则带来了额外的加速度。考虑到必须拦截住来袭的击打，所以速度与准确性相结合才能让此招更为有效。

力量（7/10）

截击格挡的主要力量来源于肩转动力链与下格挡所带动的体质量。当然也可由转胯和伸腿来产生额外的攻击力。但是在实际应用中，大多数情况下这些要领并不容易施展。产生力量的其他关键因素如下。

手臂内旋：前臂的内旋或扭转至关重要，此要领能够使硬截击在施展中有效带动更多体质量。

截击角度：当迎面而来的踢击已经被拦截时，前臂与对手踢击进攻线所呈的角度，将会决定这一踢被格挡的程度或者被带偏的程度。

精准度（9/10）

对于任何格挡截击技术来说，精准度必不可少。考虑到此技术常被用来对抗踢击，因此正确把握时机更为重要。很多教学中都讲到，如果施展下截击的时机错过了，而此时你已经和对手的腿产生了接触，那么要立刻侧转身体，不要硬抗对手击打的全部力量。

过体中线——弹力带斜下拉伸
（第124页）
强化背阔肌、三角肌和肱三头肌

弓箭步 + 转体
提高髋部灵活性，同时发展核心力量

战士 1 式
强化下半身肌群；拉伸股四头肌和肩部

关键动态肌群

臂伸：背阔肌（图中不可见）、斜方肌（图中不可见）、三角肌、肱三头肌、腹斜肌

手臂内旋：旋前肌（图中不可见）

身体驱动：小腿三头肌

关键静态肌群

腹直肌、臀大肌（前腿）、股直肌

主要动力链

肩转动力链、臂伸动力链

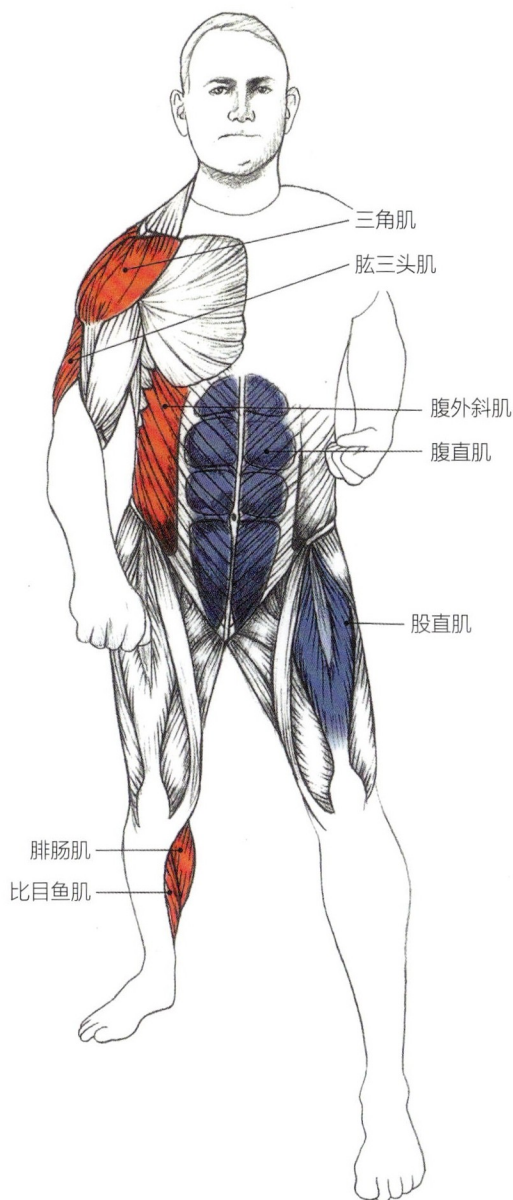

三角肌

肱三头肌

腹外斜肌

腹直肌

股直肌

腓肠肌

比目鱼肌

注意

1　虽然此技术往往用硬截击的方式施展，但是精准把握时机可以把它转化成一种带有捕获性质的软截击技术。然而为了捕捉对方腿部而软下来的格挡如果施展不得当，反而会让防御者被一踢命中。

反向平板支撑
拉伸臂部、肩部和身体前侧

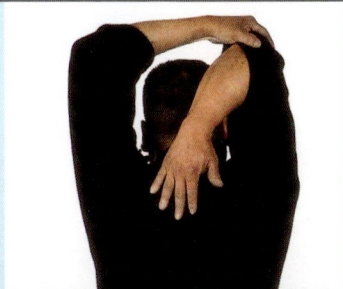

立肘肩部拉伸
拉伸肩膀与肱三头肌

上截击

这是一种既经典又强有力的截击动作，主要用于对抗从上方来袭针对头部的攻击。此技术结合了力量（用来减缓击打）和偏转（用来避开攻击）。因为任何针对头部的攻击都是极为凶险的，所以上截击值得重点学习。就像其他截击格挡技术一样，身材瘦弱的习练者更应该使用上截击来偏转对方的攻击，避免使用会造成手臂骨折等损伤的硬格挡。

速度（5/10）

手臂的伸展产生了截击技术的绝大部分速度，胯部提前驱动扭转则可带来额外的加速度。考虑到必须拦截住对手攻击，所以速度与准确性相结合才能让此招更为有效。

力量（9/10）

截击格挡的主要力量来源于格挡手臂的上抬驱动力。同时力量还来自髋关节的伸展，以及从格挡点到后腿的绷紧锁定程度。产生力量的其他关键因素如下。

手臂内旋：前臂的内旋或扭转至关重要，此要领能够有效地把体质量附加在硬截击之中。

截击角度：当迎面而来的攻击已经被拦截时，前臂与对手踢击进攻线所呈的角度，将会决定这一踢被格挡的程度或者被带偏的程度。

精准度（6/10）

对于任何格挡截击技术来说，精准度必不可少。考虑到此技术常被用来对抗针对头部的袭击，因此正确把握时机更为重要。很多教学中都讲到，如果上截击只做到了部分有效，即对方的攻击把用来截击格挡的手臂弹开了，那么应该使用肩膀而不是头部来承受余下的冲击力。

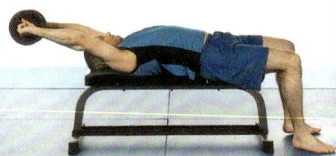

杠铃／哑铃上拉
强化胸肌、肱三头肌、背阔肌

平板支撑
强化核心肌群以及三角肌

战士 1 式
强化下半身肌群；拉伸股四头肌和肩部

关键动态肌群

臂伸：斜方肌、三角肌、肱三头肌

手臂内旋：旋前肌（图中不可见）

身体驱动：股四头肌（图中不可见）

关键静态肌群

背阔肌、前锯肌、臀大肌、腘绳肌

主要动力链

后侧动力链、臂伸动力链

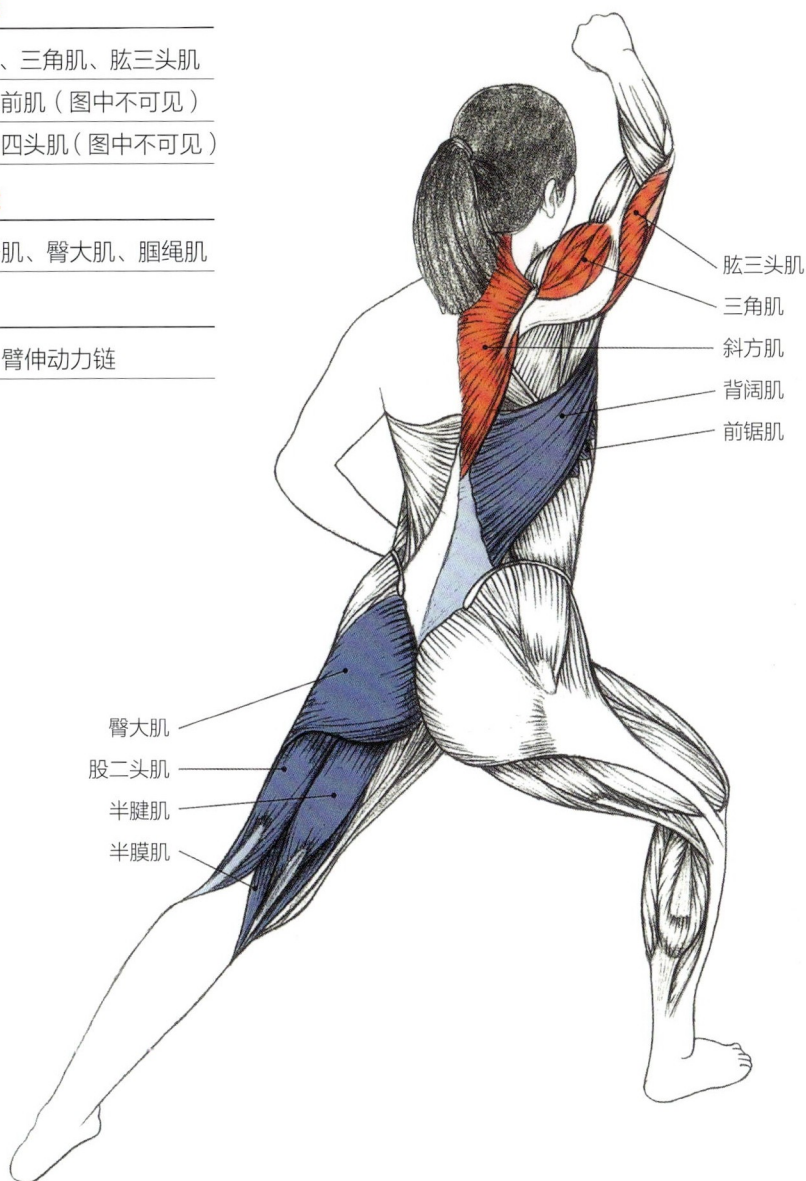

肱三头肌

三角肌

斜方肌

背阔肌

前锯肌

臀大肌

股二头肌

半腱肌

半膜肌

反向平板支撑
拉伸臂部、肩部和身体前侧

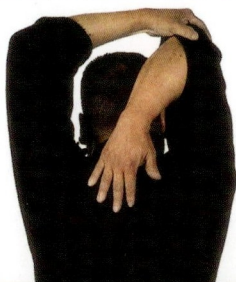

立肘肩部拉伸
拉伸肩膀与肱三头肌

注意

1　与大多数硬格挡（比如过身中
线交叉格挡）不同，上截击几
乎不能完全挡下一次攻击。此
技术的目的是带偏对手击打的
方向。在完成截击后，你应该
准备好利用攻击者此时的冲击
力未尽，又处于重心转移的状
态，快速施展控制技术或者进
行反击。

外截击

此招式是身体中段位两种经典截击动作（另一个是内截击，见第32页）之中相对弱势的一种。此技术既可以用作硬截击，也可以用作软截击。使格挡手斜向上外旋（如图所示，格挡手的掌心朝向身体转动），通常可使截击格挡变得坚实。而使格挡手内旋（掌心向远离身体的方向转动）则既可以用来施展硬截击，也可以用来施展软截击。

速度（5/10）

转胯、转肩以及肩关节的外旋外展产生了外截击的大部分速度。虽然速度在这项技术中并没有那么重要，但是格挡的时机依然很关键。

力量（5/10）

因为此截击相对弱势，所以施展时身体整体随格挡手臂移动很重要，同时绷紧上半身以使截击承载尽可能多的体质量。其他产生力量的关键因素如下。

拳外旋：掌心扭转向内（朝向身体）紧绷前臂可以在截击时快速有效地增加攻击力。

转肩：虽然转胯的同时手臂旋转外展很重要，但是绷紧的肩膀所承载的体质量才是主要的攻击力来源。

精准度（6/10）

鉴于此截击相对弱势，因此远离身体进行截击变得十分必要，这样你就有了更多的时间，可以带偏对手攻击使之落空。这就意味着格挡手臂必须向外伸出，远离身体，当然这也会让此招更为软弱无力。这种取舍的权衡很难掌握。

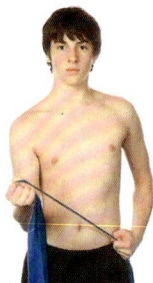

弹力带向外拉伸（第124页）
强化斜方肌、菱形肌、三角肌

弓箭步 + 转体
提高髋部灵活性，同时发展核心力量

宽站距俯身向前 + 肩部拉伸
拉伸腘绳肌、内收肌群、肩部

斜方肌
三角肌
菱形肌

肱二头肌
肱三头肌

指伸肌
桡侧腕短伸肌
尺侧腕伸肌
桡侧腕长伸肌

腹直肌
腹外斜肌
股直肌

腓肠肌
比目鱼肌

关键动态肌群

拳外旋： 旋后肌（图中不可见）、肱二头肌

肩外旋： 斜方肌、菱形肌、三角肌

肩转： 腹斜肌

身体伸展： 臀大肌（后腿）

身体驱动： 小腿三头肌

关键静态肌群

腹直肌、肱三头肌、腕伸肌、股直肌

主要动力链

后侧动力链、髋转动力链、肩转动力链

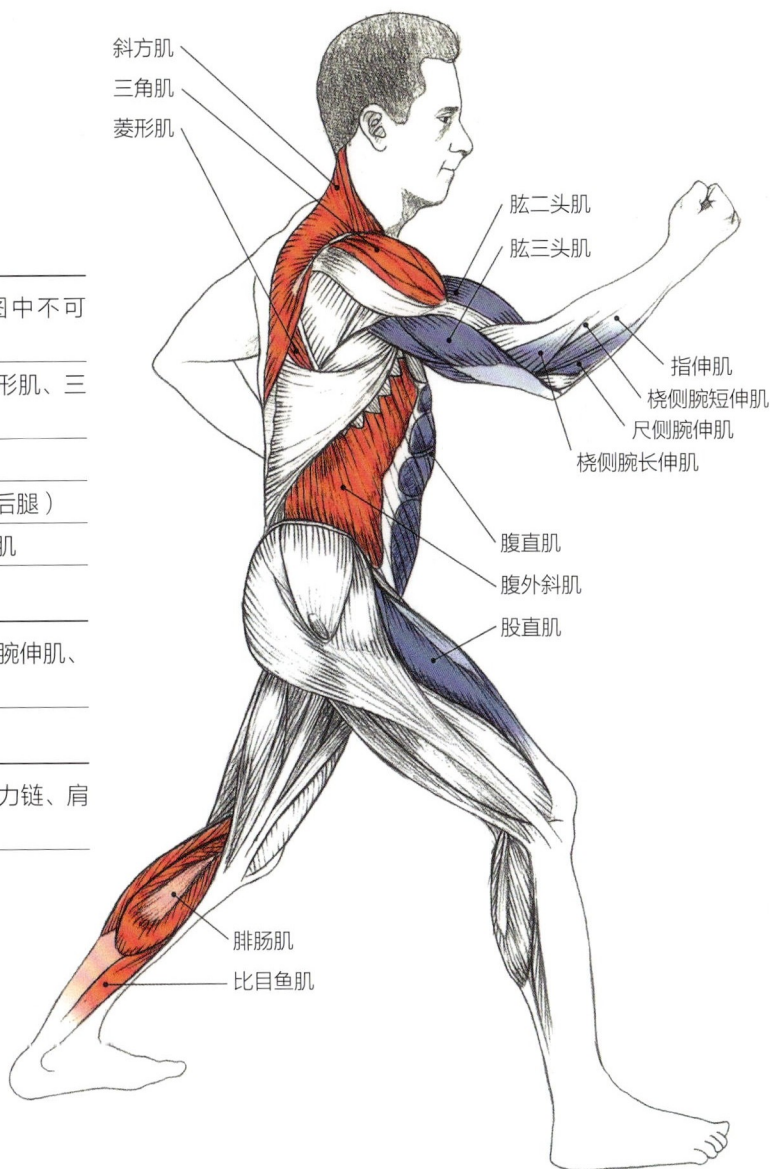

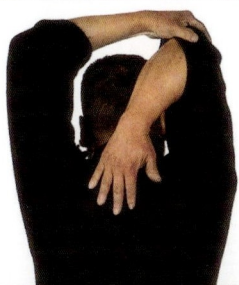

立肘肩部拉伸
拉伸肩膀与肱三头肌

注意

1　此技术中应用软截击最常见的形式是，施展后直接抓住对手，立刻使用后手拳、提膝等技术展开反击。

2　肱二头肌不仅是一个十分有力的肘屈肌，更是一个强大的旋后肌。

内截击

此招式是身体中段位两种经典截击动作（另一个是外截击，见第30页）之中相对较强的一种。但是掌握成功拦截对手的时机是此技术练习中的难点。

速度（5/10）

转胯、转肩以及肩关节的内收内旋产生了内截击的大部分速度。虽然速度在这项技术中并没有那么重要，但是格挡的时机依然很关键。

力量（6/10）

此技术中时机的把握很困难，所以施展时让整个身体参与进来非常必要，同时要绷紧上半身以使截击承载尽可能多的体质量。其他产生力量的关键因素如下。

拳外旋：掌心扭转向内（朝向身体）紧绷前臂可以在截击时快速有效地增加攻击力。

转肩：虽然转胯的同时手臂旋转内收很重要，但是绷紧的肩膀所承载的体质量才是主要的攻击力来源。

精准度（6/10）

鉴于此截击依然相对弱势，因此远离身体进行截击变得十分必要，这样你就有了更多的时间，可以带偏对手攻击使之落空。这就意味着格挡手臂必须向外伸出，远离身体，当然这也会让此招更为软弱无力。这种取舍的权衡很难掌握。

哑铃飞鸟
强化胸肌

拳击仰卧起坐（第125页）
强化核心肌群并击打相关肌群；提高躯干灵活性

弓箭步＋转体
提高髋部灵活性，同时发展核心力量

三角肌

胸大肌

肱二头肌

旋后肌

腹外斜肌

腹直肌

股直肌

腓肠肌

比目鱼肌

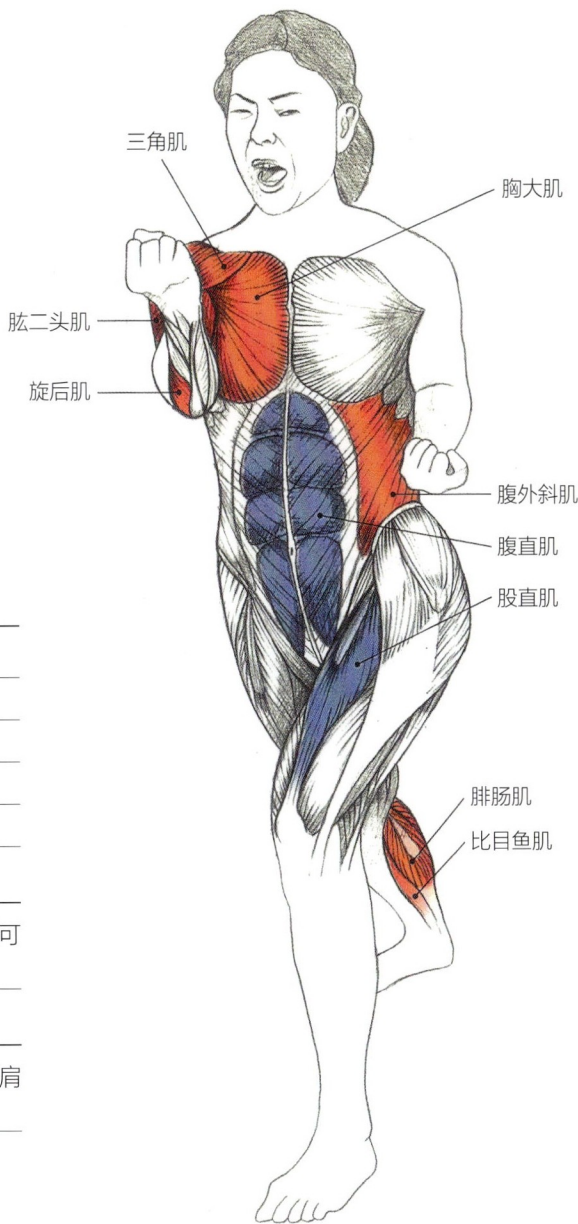

关键动态肌群

拳外旋：旋后肌、肱二头肌

肩内旋：胸肌、三角肌

肩转：腹斜肌

身体驱动：小腿三头肌

身体伸展：臀大肌（后腿）

关键静态肌群

腹直肌、小圆肌（图中不可见）、股直肌

主要动力链

后侧动力链、髋转动力链、肩转动力链

宽站距俯身向后 + 肩部拉伸
拉伸腘绳肌、内收肌群、肩部

手臂过胸拉伸
拉伸肩部

注意

1 在格挡截击时，你的重心往往会因为惯性而前倾，因此当对方的攻击力通过格挡手臂传递过来时，可能会造成你的身体以前腿为支撑开始旋转，这是因为对手的一部分攻击力使你偏离了中心线，而余下的能量则造成了你的偏转。但同时这也削减了对手攻击中所蕴含的冲击强度。

掌根劈砖

此技术展示的是对于力量的专注与集中发力技巧。

速度（6/10）

虽然手掌的速度至关重要，但是要想成功击破砖块，也需要在施展中适当地结合体质量，特别是需要一次性击破大量砖块时，手与身体的整体发力必不可少。手掌下劈的速度不一定要特别快，但必须与身体重心的下降速度同步，以在最恰当的时机击打砖块。

力量（8/10）

产生力量的关键因素如下。

手臂伸展：习练者对此技术的展示有两种截然不同的击打方式。一种是利用手臂力量一击贯穿垒起的砖块。还有一种就是突然劈掌再迅速收回，非常像刺拳的方式。当然后者只应该在快速击破表演中使用。

身体下沉：双腿必须同时屈膝，这样你的身体才能稳定可控地下沉。习练者常常会伸直一条腿或者保持双腿伸直，这样可使本该参与其中的体质量远离击打的中心线，从而导致这一击的强度被削弱，因为体质量移动线不再与击破砖块的攻击线重合一致。

转肩：肩部转动与身体下沉同时进行是施展出最大攻击力的关键。

精准度（7/10）

击打砖块的中心线，被认为是击碎砖块的最佳方法。作为展示前的最后准备，击打手的肘部必须位于预设击打点的正上方，当需要击破一块以上的砖块时，击打的力线一定要贯穿所有砖块，以确保全部击破。我们经常见到一击结束肘部上扬回收时，只有位于顶层的砖块被击碎（译者注：因为精准度不足）。攻击手的前臂刮过下层砖块的情况也很常见。

单臂哑铃划船
强化斜方肌

掌根击打目标练习
增加手臂速度与力量

俯卧撑
强化胸肌和肱三头肌

天键动态肌群

臂伸：胸肌、斜方肌、三角肌、肱三头肌、腕伸肌

手臂内旋：旋前肌

天键静态肌群

腹直肌、斜方肌、股四头肌（前腿）

主要动力链

髋转动力链、肩转动力链、臂伸动力链

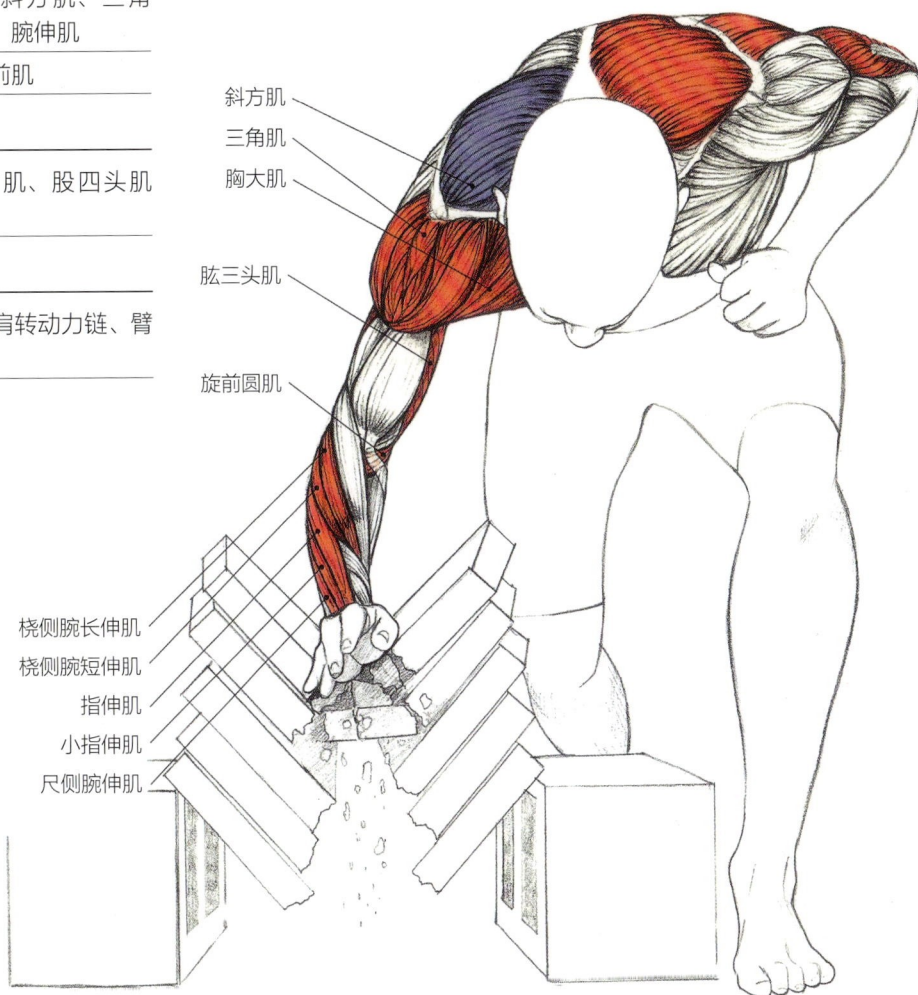

斜方肌
三角肌
胸大肌
肱三头肌
旋前圆肌
桡侧腕长伸肌
桡侧腕短伸肌
指伸肌
小指伸肌
尺侧腕伸肌

弓箭步 + 转体
提高髋部灵活性，同时发展核心力量

眼镜蛇式
伸展胸部、肩膀还有腹肌

注意

1　用拇指一侧的掌根施展此技术是非常危险的，可能会损伤拇指神经，直接导致拇指功能减弱或丧失。

2　虽然有些习练者喜欢用拳头来施展此技术，但可能会造成长期关节损伤，因此还是建议将掌根作为此技术演示的首选。

3　即使是外观一样的砖块，能使其破碎的击打力区别依然很大，因此在击破一摞叠起来的砖块之前，要试着先击破一块以测试材料的受力情况，从而避免在后续表演中受伤。

倒立劈砖

　　此技术展示的是超凡的平衡能力、出手时机的完美把握、精神高度专注以及对集中发力的掌握。与双脚站在地面上的劈砖技术不同，这种劈砖方式包含了迅速倒立的同时快速猛烈地击打砖块，并且还要顺势完成身体的翻滚以避免受伤。这是一个非常危险的击破技术，需要仔细的准备与大量的练习才能保证表演的安全性。

速度（6/10）

　　虽然手掌的速度至关重要，但是要想成功击破砖块，需要在施展技术时适当地结合体质量。手掌下劈的速度不一定要非常快，但必须与身体重心的下降速度同步，以在最恰当的时机击打砖块。

力量（6/10）

　　产生力量的关键因素如下。

　　身体下沉：踢腿进入倒立姿态时，抬高击打手，在身体即将向另一侧下落时，掌根迅速击出，同时绷紧身体以增加额外的攻击力。

　　手臂伸展：掌根必须迅速弹出然后顺势完成倒立翻滚，远离碎裂的砖块。

精准度（8/10）

　　击打砖块的中心线，被认为是击碎砖块的最佳方法。作为展示前的最后准备，击打手的肘部必须位于预设击打点的正上方，当需要击破一块以上的砖块时，击打的力线一定要贯穿所有砖块，以确保全部击破。我们经常见到一击结束肘部上扬回收时，只有位于顶层的砖块被击碎（译者注：因为精准度不足）。攻击手前臂刮过下层砖块的情况也很常见。

关键训练动作

臂屈伸
强化肱三头肌

T字俯卧撑（第125页）
提高核心肌群与上半身力量

倒立俯卧撑（第124页）
提高身体平衡能力与核心肌群及上半身力量

关键动态肌群

手臂支撑结构（图中未展示）： 斜方肌、三角肌、背阔肌、肱二头肌

臂伸： 胸肌（图中不可见）、斜方肌、三角肌、肱三头肌、肘肌

手臂内旋： 旋前肌（图中不可见）

关键静态肌群

腹直肌（图中不可见）、臀大肌、背阔肌、菱形肌、大圆肌、斜方肌、三角肌、肱二头肌、肱桡肌、腕伸肌

主要动力链

肩转动力链、臂伸动力链

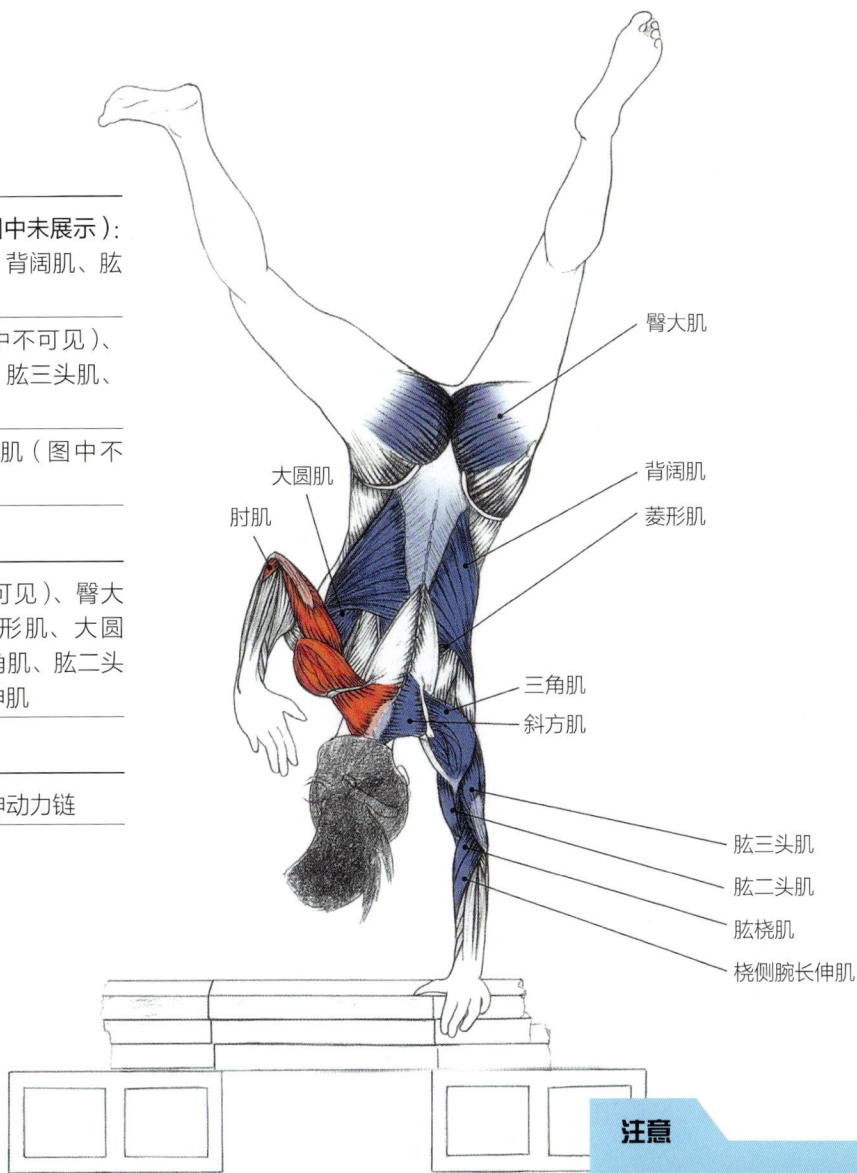

臀大肌

大圆肌

肘肌

背阔肌

菱形肌

三角肌

斜方肌

肱三头肌

肱二头肌

肱桡肌

桡侧腕长伸肌

军推（译者注：哑铃推举）
强化三角肌、胸肌和肱三头肌

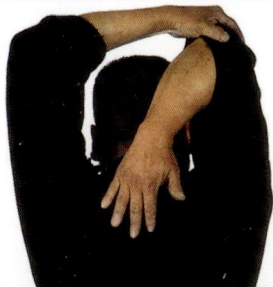

立肘肩部拉伸
拉伸肩膀与肱三头肌

注意

1. 用拇指一侧的掌根施展此技术是非常危险的，可能会损伤拇指神经，导致拇指功能减弱或丧失。当踢腿进入倒立状态时，你必须保持一定的冲势，以便击打后可以继续向另一侧滚动，以远离碎裂的砖块。如果你是进入倒立姿态并维持固定姿态后再进行击打，会存在砖块破碎后倒立姿态也崩溃的风险，这可能会导致严重的身体损伤。

2. 我们强烈建议在练习此技术时穿戴一个头部护具，直到你已经熟练地掌握了这一击。

腿法

踢腿的技术里充满了五花八门的风格和变式，包含了不同的踢击速度、攻击力度与出腿时机。有些踢技，像是前踢、低位铲踢和提膝撞击更倾向于自我防卫。而其他一些，比如下劈、后摆腿、飞身鞭腿等技术多用于自由反击，因此这类技术更多地被用于武艺教学及表演中，因为显而易见，主动攻击是违法的。很少有一项武艺技巧可以涵盖传授一项技术所需的所有特色要领。我们这里只是从广泛的踢技中选取一部分例子给大家参考。

与手部攻击方式相比，踢击的速度虽然略慢，但是更具攻击力。人类大腿的质量往往是手臂的2倍，因此，攻击速度的略微降低与腿部所蕴含的巨大质量相比，前者的影响微乎其微。根据经验而言，踢击的攻击力至少是同等情况下徒手攻击力的2倍。

正确的身体平衡操控与旋转幅度是保证踢击有效性的关键所在。时机、力度和速度在进攻中都至关重要。踢碎木板表演经常被用来表现习练者对踢击技术掌握的熟练程度（很少会表演踢碎砖块，因为这常常会造成身体损伤）。额外增加的质量（更确切地说是"攻击力"）来源于"把你整个身体都放进这一踢里"，这是一个在传授踢技时经常被提到的理念。如果这一击所承载的体质量不足会造成你的踢击虚弱无力。以上所述以及其他关键因素在"高效能攻击背后的物理学"（第7页）中有所论述，但是这些内容建议你与你的教练一起进行详尽的讨论。

踢击

- 提膝撞击
- 低位铲踢
- 前踢
- 正蹬
- 鞭腿
- 下劈
- 外摆腿
- 里合腿
- 侧踢
- 后踢
- 飞身鞭腿
- 后摆腿
- 转身低扫

提膝撞击

这种富有攻击力的近距离冲击招式，更多地依赖力量而不是速度与准确性。在自卫防御课程中经常讲授此技术。攻击的目标范围从面部一路下行到大腿，但是通常来说会瞄准腹股沟或者腰腹部。

速度（5/10）

用手把对方向下拉的速度、提膝的加速度以及正确驱动膝关节发力方向，这三点的有机结合是成功施展此招式的必要条件。

力量（9/10）

产生力量的关键因素如下。

髋关节屈曲：膝关节向上摆动的时间越长，撞击的力度就越大。

身体驱动：膝关节抬起时，你必须通过伸展支撑腿一侧的髋部来让自己趋向攻击目标。与目标的距离是决定这次攻击是否成功的最重要因素。如果对手距离太近，攻击很有可能被限制住，而如果对手离得太远，则很可能会错失目标。

手臂与肩膀的拖拽：把目标拉向这一击，赋予了此技术额外的加速度。这个要领在应用此招对付体型较大的对手时尤为重要。

精准度（6/10）

与撞击位置相比，这一击所蕴含的其他技巧通常更为重要。

关键训练动作

俯身翻山
提高下半身力量

空中蹬车
提高核心肌群灵活性与力量

高抬腿（第125页）
强化髋屈肌和小腿三头肌

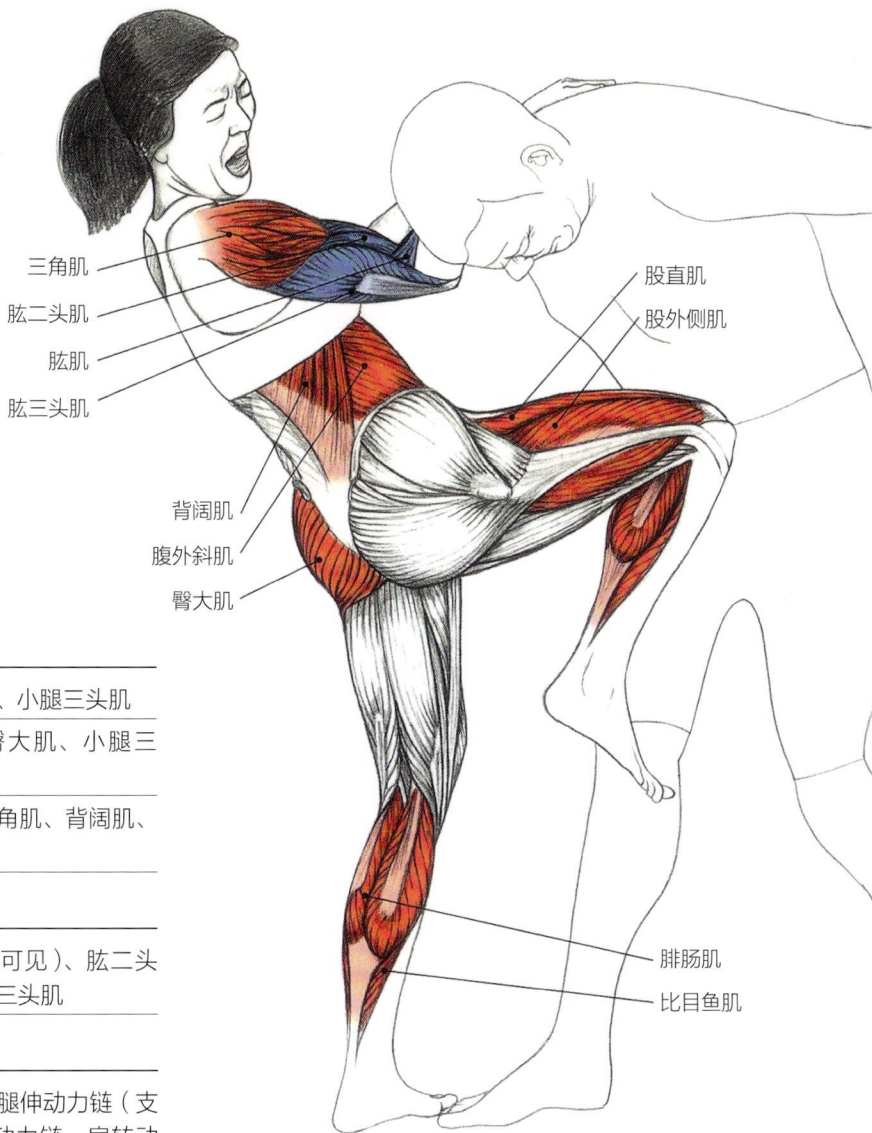

三角肌
肱二头肌
肱肌
肱三头肌

股直肌
股外侧肌

背阔肌
腹外斜肌
臀大肌

腓肠肌
比目鱼肌

关键动态肌群

提膝：髋屈肌、小腿三头肌

身体驱动：臀大肌、小腿三头肌

肩部扭转：三角肌、背阔肌、腹肌

关键静态肌群

胸肌（图中不可见）、肱二头肌、肱肌、肱三头肌

主要动力链

后侧动力链、腿伸动力链（支撑腿）、髋转动力链、肩转动力链

药球上斜伐木
（第126页）
强化腹斜肌和肩部肌群

跪姿弓步
伸展髋屈肌和股四头肌

注意

1 膝盖应在髋部与身体成90°夹角时击中目标。此时可算作膝盖在运动过程中具有最大速度的时刻。

2 为了产生尽可能多的速度和力量，腹斜肌和髋屈肌的参与将踢击腿的膝盖向上提，且高于水平角度。

3 踢击腿的足尖指向地板可以放松腘绳肌，促使膝盖以最快的速度上提。

低位铲踢

这一踢技具有速度慢、攻击力强但范围小的特点，多用于自卫防御时；主要用于攻击对方的大腿和腹股沟。这种特殊的踢法可以使用足趾、足底赤白肉际、足外缘的刀锋面或者足跟作为击打面，当然这一切取决于你要攻击的目标部位。

速度（3/10）

这种腿与髋部协同从内往外翻转的独特方式，使得这个技术比绝大多数踢击都要慢。然而在教学中通常会把此招式当成一种连踩带踢的方式来传授，这好比是弹腿的一个变式，经常以对方腹股沟为目标，与需要转髋弹踢的弹腿攻击方式相比，此招会快一点。由于这一技术的攻击范围比较近，因此，速度通常不是一个关键因素。

力量（7/10）

这种踩踢动作可以通过绷紧上半身来获得巨大的攻击力，因为你相当于把大多数体质量加入这一踢之中。虽然这一踢承载了如此大的攻击力，但依然有必要用此招式来攻击对手重心所在的支撑腿，因为支撑腿无法及时移动，这样就可以使其承受这一踢的全部力量。

精准度（8/10）

在向对手腿部进行一个短促犀利的踢击时，准确性往往是非常重要的因素，特别是选定的攻击目标是其重心所在的支撑腿时。如果你在出腿的同时可以抓住对手把他向你拉近，那么你可以极大地提高踢中对方支撑腿的概率。

关键训练动作

同伴深蹲（第125页）
强化股四头肌和臀大肌

蝶式拉伸
伸展内收肌群

鸽子式
伸展臀部、股四头肌和腹股沟韧带

关键动态肌群

跷腿（图中不可见）：腘绳肌、缝匠肌

伸腿：股四头肌、臀中肌（图中不可见）

身体扭转：腹斜肌（图中不可见）

关键静态肌群

腹直肌、股四头肌、腘绳肌、小腿三头肌、臀大肌

主要动力链

髋转动力链、肩转动力链、腿伸动力链

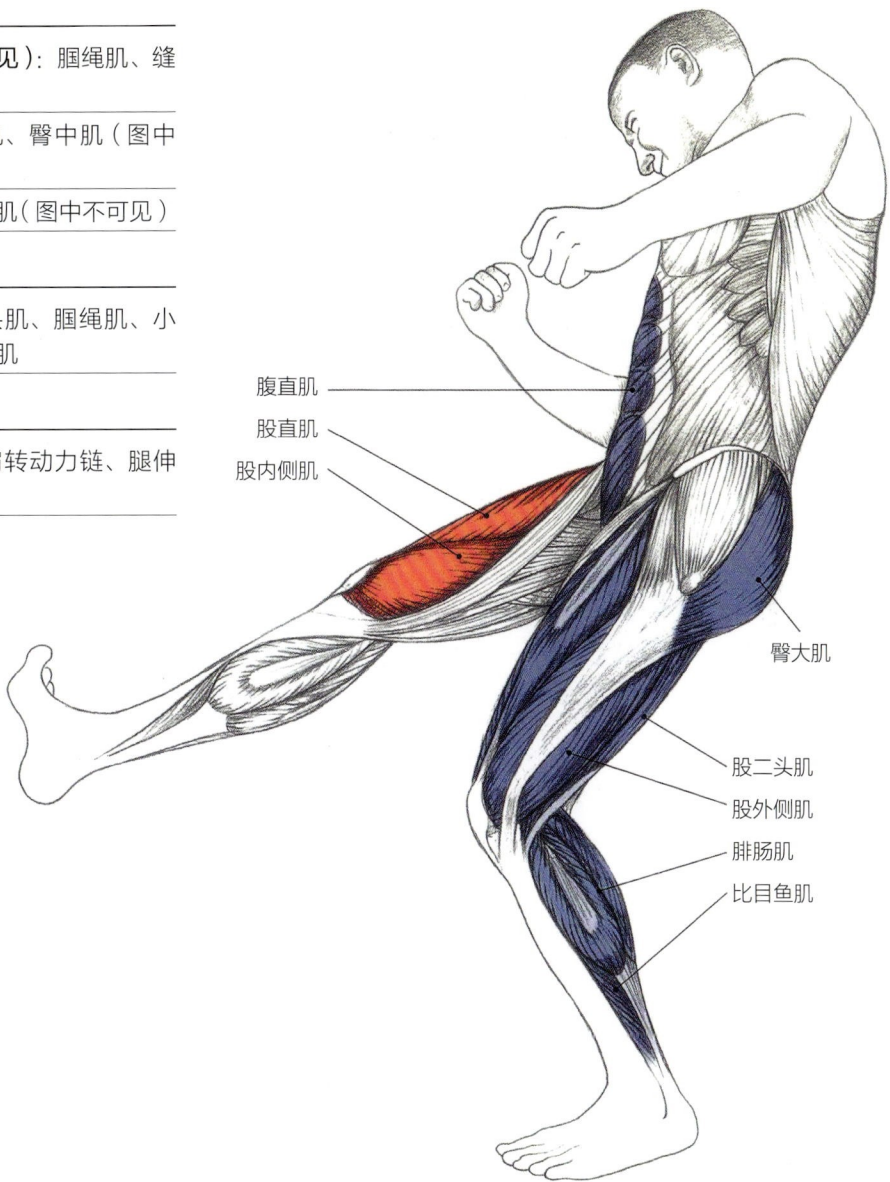

腹直肌
股直肌
股内侧肌

臀大肌

股二头肌
股外侧肌
腓肠肌
比目鱼肌

注意

1　虽然此踢技的目的是让对手彻底失去抵抗能力，但是你往往只是一踢之下打破了他的平衡，因此后续摔投技术的跟进尤为必要。

2　此技术拥有一种常见的变招，通常用于进行地面防御，当你仰卧在地上用另一条腿保持平衡时，可以用此招式来防御对手的砸拳。

前踢

前踢和正蹬（第46页）是武术格斗中最基本的两个腿法，因此应该对这两个招式给予足够的重视。前踢属于这两个腿法中相对速度较快，但攻击力略逊的一式。因此，经常是用前腿踢出，以求用最快的速度尽快踢到目标。

速度（7/10）

速度是辅助增加踢击力量的关键。因为通常是用前腿踢击，所以施展速度往往比其他腿法更快；因此，该技术通常被当成一个快速（相对于力量来说）踢。

力量（8/10）

踢击力量来源于3个动力链协同作用的直接结果：后侧动力链驱动臀与髋部向前运动；髋转动力链扭转骨盆及臀部，使这一踢中同时蕴含了（出腿侧）髋部的驱动力；腿伸动力链最终推动用于攻击的足部踢中目标。出腿的同时绷紧躯干肌肉，主要是腹直肌，这样一来就可以使用上半身的全部体质量，最大限度地把这一踢击的力量传递出去。需要注意的是，相对于正蹬，前踢中这3个动力链的位移较短，因此，所具备的攻击力也相对正蹬逊色一些。

精准度（6/10）

前踢的目标通常是位于身体中心线的某个部位，比如腹股沟、胃部或下巴。虽然这种腿法对其他部位也有效，但该技术的相对弱势限制了其可选范围。

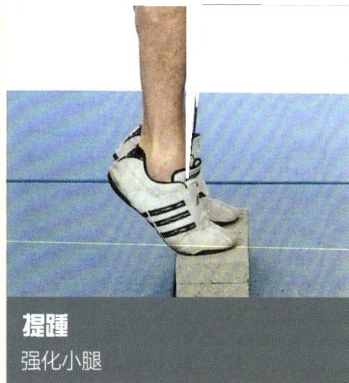

高抬腿（第125页）
强化髋屈肌和小腿三头肌

提踵
强化小腿

单腿臀桥 + 臀推（第125页）
提高骨盆推力；拉伸胸部和肩膀

腹直肌

股外侧肌

股直肌

腓肠肌

比目鱼肌

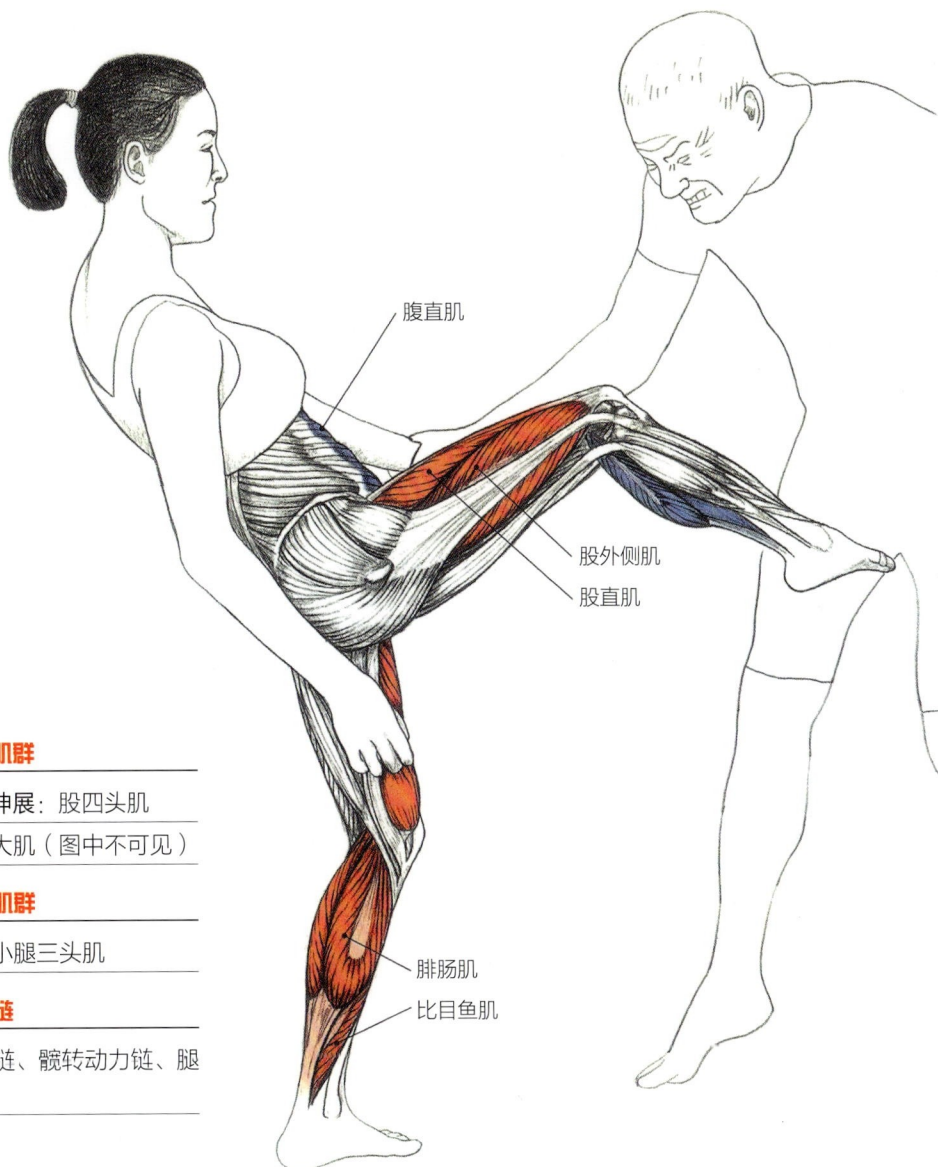

关键动态肌群

踢击腿的伸展：股四头肌

伸髋：臀大肌（图中不可见）

关键静态肌群

腹直肌、小腿三头肌

主要动力链

后侧动力链、髋转动力链、腿伸动力链

站立体前屈
拉伸腘绳肌、小腿三头肌和臀部

跪姿弓步
伸展髋屈肌和股四头肌

注意

1 该技术所使用的足部击打面，会因为攻击目标不同而有差异。通常使用足背（以踢击速度为目标）或者脚掌（以踢击力量为目标）。

2 当用此腿法攻击腹股沟时，关键点在于：不要因为上半身的明显移动而泄露你的意图。要多对着镜子练习快速前踢，以尽量减少上半身的动作。

正蹬

以身体正前方为攻击方向的武术格斗腿法中，前踢（第44页）和正蹬是最为基本的两项技术，因此一直以来备受关注。二者之中正蹬更具攻击力，但是速度略逊于前踢。因此，通常使用后腿来施展此技术，以便最大限度地把体质量转移至这一踢中，从而增加攻击力。

速度（5/10）

虽然速度对于增加踢击力量来说是重要的辅助因素，但是由于通常用后腿踢出，所以与其他腿法相比，施展速度仅能算中档。因此，该技术通常被当成一个力量（相对于速度来说）踢。

力量（8/10）

踢击力量来源于3个动力链协同作用的直接结果：后侧动力链驱动臀与髋部向前运动；髋转动力链扭转骨盆及臀部，使这一踢中同时蕴含了（出腿侧）髋部的驱动力；腿伸动力链最终推动用于攻击的足部踢中目标。出腿的同时绷紧躯干肌肉，主要是腹直肌，这样一来就可以使用上半身的全部体质量，把踢击力量最大限度地传递出去。

精准度（6/10）

正蹬的目标通常是位于身体中心线的某个部位，从腹股沟顶端（译者注：髂前上棘）到下巴的范围内的任何部位都可以。当然这种腿法对其他部位也颇具威力，比如后背的肾区或者大腿，但是这些目标往往很容易避开攻击线，因此很难被有效击中。

关键训练动作

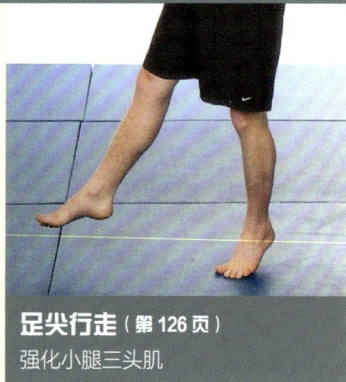

足尖行走（第126页）
强化小腿三头肌

波比跳
提高全身爆发力

跳箱
提高下半身爆发力

蹞长伸肌

腹直肌
阔筋膜张肌
股直肌
股外侧肌
股内侧肌

腓肠肌
比目鱼肌

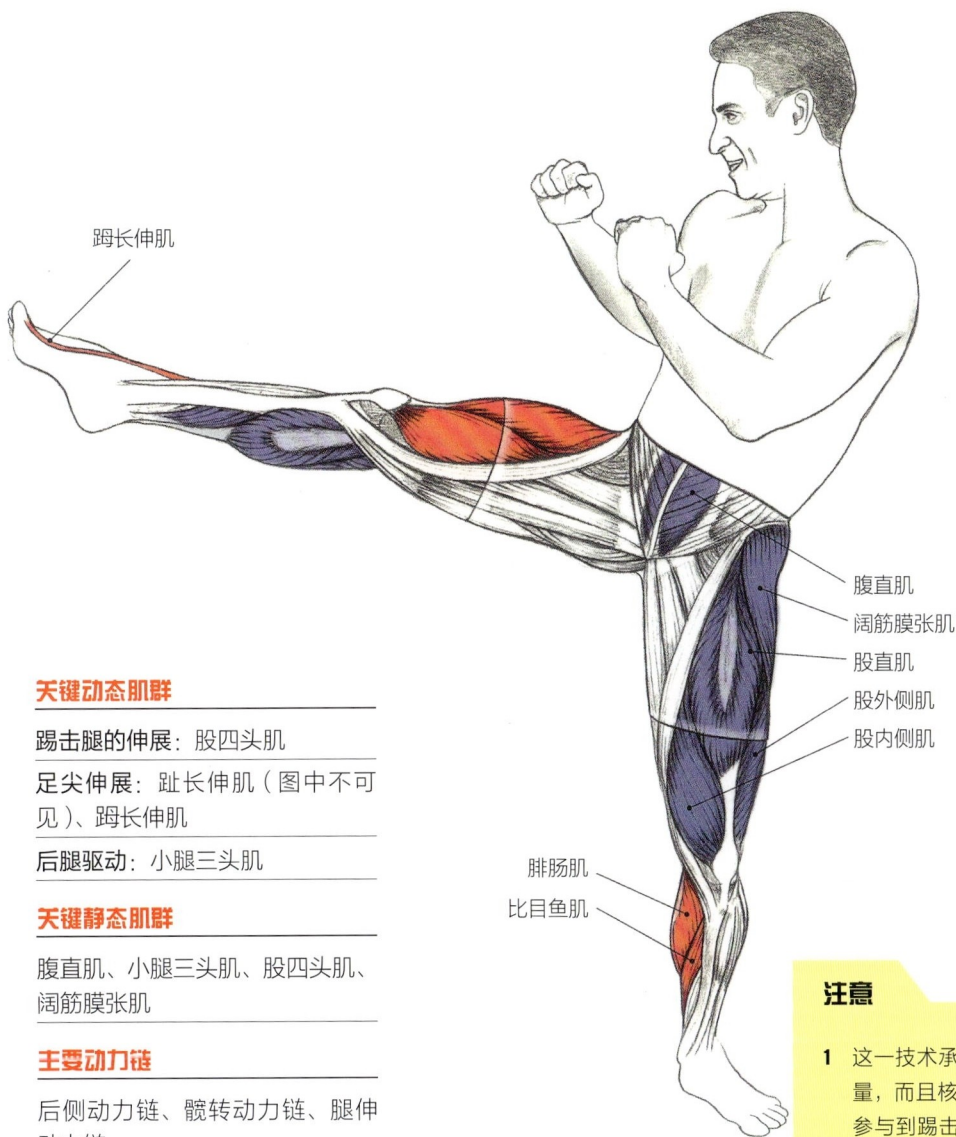

天键动态肌群

踢击腿的伸展：股四头肌

足尖伸展：趾长伸肌（图中不可见）、蹞长伸肌

后腿驱动：小腿三头肌

天键静态肌群

腹直肌、小腿三头肌、股四头肌、阔筋膜张肌

主要动力链

后侧动力链、髋转动力链、腿伸动力链

战士 1 式
强化下半身肌群；拉伸股四头肌和肩部

站立体前屈
拉伸腘绳肌、小腿三头肌和臀部

注意

1 这一技术承载了非常大的体质量，而且核心肌肉的运动也会参与到踢击之中，因此支撑腿的朝向与站位尤为重要。此腿法的技术风格多种多样，从支撑脚平踩在地面上到足跟抬起仅用足尖站立都有，而且足尖的方向也从指向正前方到后转135°范围内，均有涉及。

2 与许多腿法一样，正蹬也拥有很多攻击面可以选择。最常见的是用前脚掌（如图所示）、足跟和足外侧的刃面。在自卫防御的情况下，尤其是对于缺乏训练的个人来说，用足跟施展此技术通常更安全，因为在这种情况下，脚踝受伤的可能性最小。

鞭腿

3种经典武术格斗腿法之一［另外2种是正蹬（第46页）和侧踢（第56页）］——鞭腿，通常被比喻成用腿扇对方一个耳光。此技术可以用多种不同的方式施展，包括用前腿（速度更快）或者用后腿（更具攻击力）。击打目标为从小腿到头部的全部区域。

速度（9/10）

鞭腿的最终速度取决于髋部的转动和攻击脚弹出的协同运作。然而，许多其他动作要领也有助于提高这一踢的速度，比如肩膀和手臂通过扭转产生的反向扭矩等。

力量（6/10）

此腿法的攻击力的产生方式难以一一尽述，因为这一踢技中使用了5种不同的动力链。它是参与运动的身体各部分快速转动，随后迅速绷紧的有机结合，施展范围从支撑腿到髋部，再到躯干直至最后的攻击腿伸展，然而这还不是全部内容。还有更值得讨论的技术要领，比如手臂与双肩的扭转，依然是踢出一记犀利且充满攻击力一腿的关键因素。

精准度（6/10）

5条动力链能否协调运作，是这一技术中衡量体内各部分相互作用是否顺畅的一个指标。乍一看，有人会说此腿法基本上依赖于髋部与腿部的协调。然而，还有很多身体其他部位参与到整个运动中来，可以说，几乎所有的主要身体部分都对这一招式的施展有着辅助作用。一个流畅且充满力量的鞭腿是许多武术格斗家的共同追求，但是这一腿法需要花费很多的时间来练习及巩固维持。

侧边卷腹
强化腹斜肌

弹力带腿外展
强化外展肌群

战士2式
加强腿部、臀部、肩部肌群；拉伸内收肌群

胸大肌

腹外斜肌
臀中肌
阔筋膜张肌

股外侧肌
股直肌
股内侧肌

腹直肌

腓肠肌

比目鱼肌

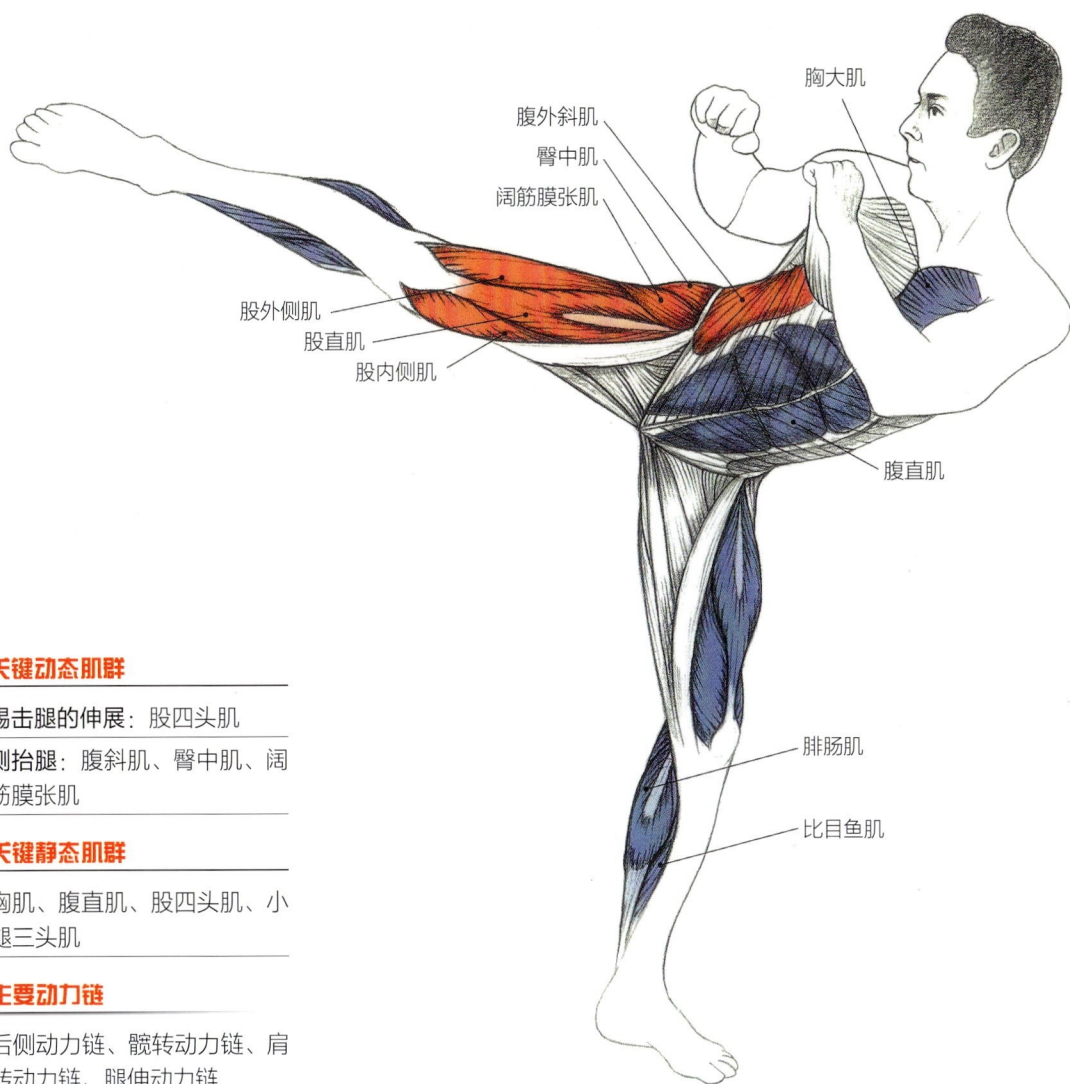

关键动态肌群

踢击腿的伸展：股四头肌

侧抬腿：腹斜肌、臀中肌、阔筋膜张肌

关键静态肌群

胸肌、腹直肌、股四头肌、小腿三头肌

主要动力链

后侧动力链、髋转动力链、肩转动力链、腿伸动力链

三角式伸展
强化股四头肌；拉伸腿部、髋部、肩部、胸部和脊柱

蝶式拉伸
伸展内收肌群

注意

1 此腿法有两个基本的击打面：足尖（适用于追求速度）和脚掌（适用于追求冲击力）。关于不同击打面有不同优势的讨论由来已久，但是确实，每一种击打面都有其最佳用途。

下劈

此技术通常在比赛或者展示腿法时使用。这种技术非常强大且富有攻击力，但同时也因施展时要暴露腹股沟和大腿内侧，所以会令踢腿者更容易遭受反击。通常将头部、锁骨作为攻击目标，当然在某些不常见的情况下，也会选择用此腿法来攻击对手的胸部。

速度（5/10）

下劈的冲击速度一定程度上取决于出腿者与对手的相对高度差。如果你的身高比你的对手高得多，这一踢可以从更高的高度砸下来，那么在拥有更大的攻击范围的同时，也有更多的时间来进行加速。身高较矮的踢击者则需要借助腿部肌肉对下劈进行辅助，以弥补加速时间过少的劣势。

力量（6/10）

此腿法的攻击力来源于把腿拉起再向下砸向对手，同时绷紧你的腿部与身体，让这一砸击最大限度地承载施展者的体质量。在一些比赛中会应用绷直足尖的技术要领来增加攻击范围，但是这会大大降低击打效果，因为此动作要领极大地增加了目标承受冲击的表面积。

精准度（6/10）

用此腿法快速攻击对手头部是很难学会的，因为这不仅需要熟练的腿部技术，更需要能够抓住对手移动时机的技巧。此招式的攻击线不仅长，而且带有弧度，这就使得与其他绝大部分腿法比起来，此腿法施展的时机更难以正确把握。

关键训练动作

波比跳
提高全身爆发力

前摆腿
强化股四头肌；拉伸臀部及腘绳肌

腘绳肌弹力带拉伸
拉伸腘绳肌；改善平衡能力

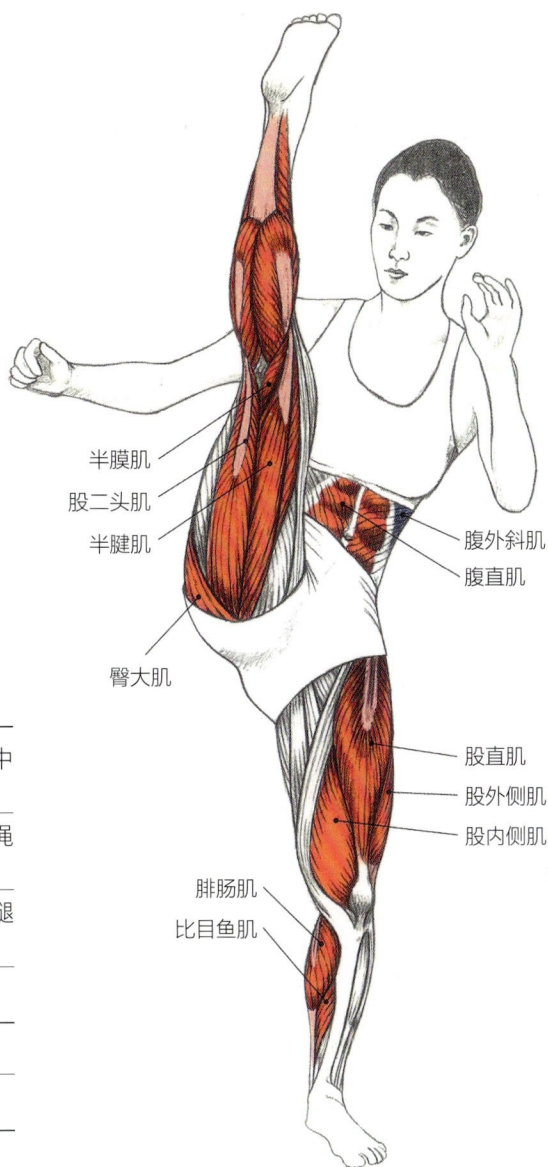

半膜肌
股二头肌
半腱肌
腹外斜肌
腹直肌
臀大肌
股直肌
股外侧肌
股内侧肌
腓肠肌
比目鱼肌

关键动态肌群

提膝准备： 股四头肌（图中未展示）

腿部出击： 臀大肌、腘绳肌、腹直肌

身体驱动： 股四头肌、小腿三头肌

关键静态肌群

腹斜肌

主要动力链

后侧动力链、腿伸动力链

站立体前屈
拉伸腘绳肌、小腿三头肌和臀部

跪姿弓步
伸展髋屈肌和股四头肌

注意

1   此腿法的施展者容易遭受反击，此劣势可以通过加入一个前置攻击来弥补，比如鞭腿或者手部攻击，这样就可以迫使对手向后移动，为下劈创造空间。

外摆腿

外摆腿与里合腿（第54页）经常会放在一起传授，但是由于两种腿法的力量差异，用法往往各不相同。外摆腿属于这两种腿法里面更具攻击力的一种，因为腿部从身体内侧向外摆动的时候使用的是腿外展肌群，它明显比腿内收肌群更为强劲有力。此技术通常像甩鞭一样发力出腿，通过腿外侧与足的拍击扫除对方格挡。作为一种近身入侵技术，其可为下一步施展下劈（第50页）腿法创造距离和机会。

速度（8/10）

髋部与肩膀的扭转，以及最后踢击腿膝关节向外侧加速的弹踢，产生了此腿法的大部分速度。

力量（5/10）

此腿法的力量传递很大程度上依赖于踢击时所用的足部击打位置。大多数人在施展时，会用到足部刃面（足外侧外缘）来击打目标，但这是一个接触面积大且又柔软的击打面。有些人试图通过足趾轻微内旋内收，使用相对更为坚实的足跟外侧的刃面来攻击目标，以增加这一踢的冲击力。另外，请不要忘了，你还可以通过起跳或跳起时旋转身体来增加攻击力。

精准度（3/10）

精准度在此腿法中并不是非常重要的指标，因为这种甩鞭样踢技横扫的区域很广。当然也有例外，比如在很多武术格斗表演中，会用外摆腿来带偏对方持有武器的手。由于这不是一个被普遍接受的用法，我们还是把这个问题留给读者各自的教练比较好。

俯身登山
提高下半身力量

前摆腿
强化股四头肌；拉伸臀部及腘绳肌

腘绳肌弹力带拉伸
拉伸腘绳肌；改善平衡能力

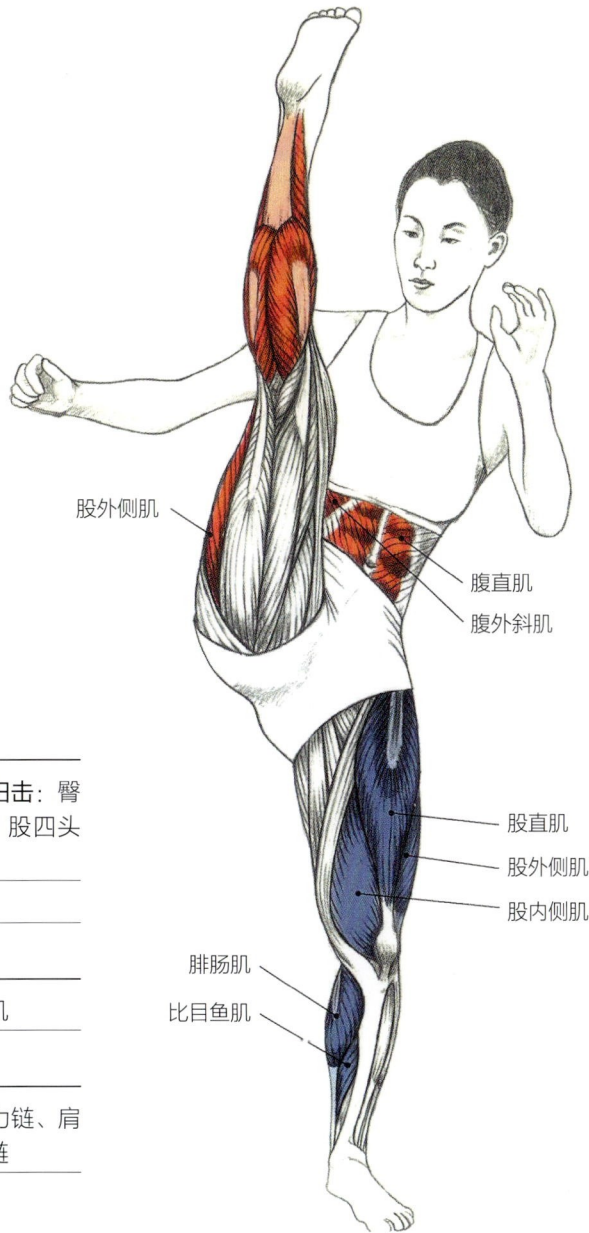

股外侧肌

腹直肌

腹外斜肌

股直肌

股外侧肌

股内侧肌

腓肠肌

比目鱼肌

关键动态肌群

腿部伸展、足底屈曲扫击：臀中肌（图中未展示）、股四头肌、小腿三头肌

身体扭转：腹肌

关键静态肌群

股四头肌、小腿三头肌

主要动力链

后侧动力链、髋转动力链、肩转动力链、腿伸动力链

宽距体前屈
拉伸腘绳肌及内收肌群

跪姿弓步
伸展髋屈肌和股四头肌

注意

1　在施展此腿法时，一定要小心避免使用膝关节及其附近区域进行硬格挡，因为很可能发生严重的膝关节损伤。

里合腿

里合腿与外摆腿（第52页）经常会放在一起传授，但是由于两种腿法的力量差异，用法往往各不相同。里合腿属于这两种腿法里相对弱势的一种，因为腿部从身体外侧向内摆动的时候使用的是腿内收肌群，这个肌群并不如腿外展肌群强劲有力。此技术通常像甩鞭一样发力出腿，通过腿内摆与足的拍击扫除对方格挡。作为一种近身入侵技术，其可为下一步施展下劈（第50页）腿法创造距离和机会。

速度（7/10）

髋部与肩膀的扭转，以及最后踢击腿膝关节向内侧加速的弹踢，产生了此腿法的大部分速度。

力量（5/10）

此腿法的力量传递很大程度上依赖于踢击时所用的足部击打位置。大多数人在施展时，会用到足底部内侧缘刃面来击打目标，但这是一个接触面积大且又柔软的击打面。有些人试图通过足趾轻微内旋内收（译者注：足弓屈曲），使用相对更坚实的脚掌来攻击目标，以增加这一踢的冲击力。另外，请不要忘了，你还可以通过起跳或跳起时旋转身体来增加攻击力。

精准度（3/10）

精准度在此腿法中并不是一个非常重要的指标，因为这种甩鞭样踢技的攻击范围很大。当然也有例外，比如在很多武术格斗表演中，会用里合腿来带偏对方持有武器的手。由于这不是一个被普遍接受的用法，我们还是把这个问题留给读者各自的教练比较好。

关键训练动作

俯身登山
提高下半身力量

前摆腿
强化股四头肌；拉伸臀部及腘绳肌

腘绳肌弹力带拉伸
拉伸腘绳肌；改善平衡能力

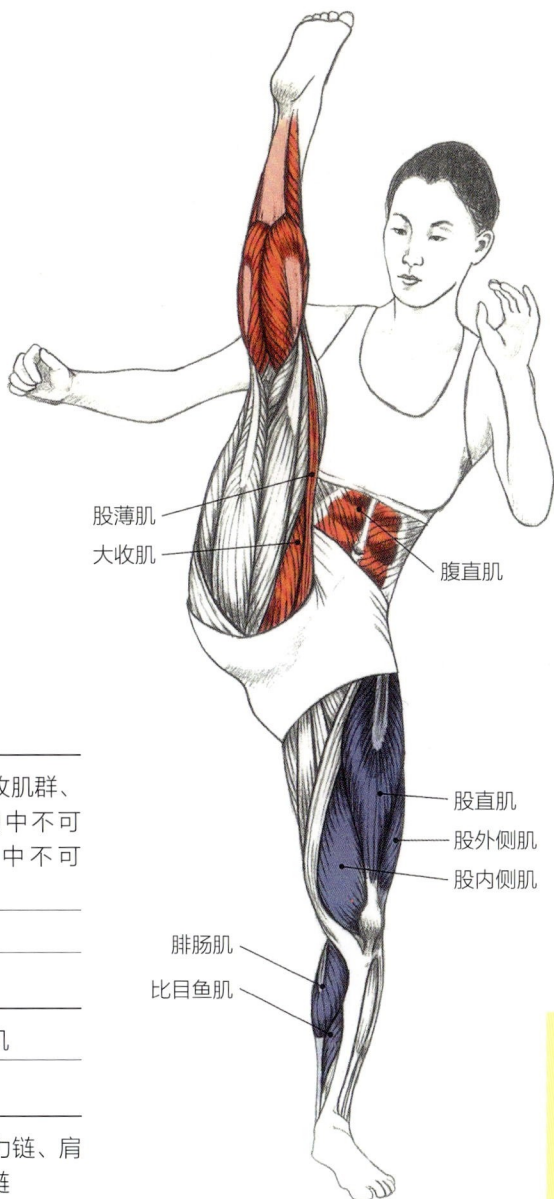

股薄肌
大收肌
腹直肌

股直肌
股外侧肌
股内侧肌

腓肠肌
比目鱼肌

关键动态肌群

腿部伸展与扫击：内收肌群、股薄肌、缝匠肌（图中不可见）、股四头肌（图中不可见）、小腿三头肌

身体扭转：腹肌

关键静态肌群

股四头肌、小腿三头肌

主要动力链

后侧动力链、髋转动力链、肩转动力链、腿伸动力链

站立体前屈
拉伸腘绳肌、小腿三头肌和臀部

跪姿弓步
伸展髋屈肌和股四头肌

注意

1 在施展此腿法时，一定要小心避免使用膝关节及其附近区域进行硬格挡，因为很可能发生严重的膝关节损伤。

2 在开始出腿时，踢腿侧的腹斜肌要先收缩，使髋部可以上抬并扭转（译者注：以给予此腿法足够的动力链长度，保证攻击范围）。

3 里合腿有时会作为炫技表演时的组合技使用。举个例子，比如做一个里合腿之后回旋转身接一个侧踢或后摆腿。这种回旋圆转踢法与直线腿法的组合需要多条动力链复杂的运作与配合，才能达到控制一个动作停止的瞬间马上推动下一个动作。

侧踢

作为最受欢迎的3种武术格斗腿法［其余两个是正蹬（第46页）和后踢（第58页）］之一，此技术被广泛传播，并且拥有惊人数量的不同变式。侧踢技术结合了前踢的精准度与后踢的力量，成为一项既准确又富有攻击力的技术。

速度（6/10）

这一踢技是用速度去换取力量。在把腿踢出去之前，将踢击腿抬起并朝身体方向收缩可以增加踢出去的力度，但是会增加施展该技术的时长。前腿侧踢往往不会收缩太深的准备距离，因此是一种非常快速的施展方式，但是比起使用后腿，攻击力略逊一筹。前腿侧踢通常用于攻击对方的腿部、肋骨，或者作为截击干扰对方的踢击使用。

力量（8/10）

此腿法的大部分攻击力来源于髋部的转动以及踢击腿的伸展与驱动。其他的关键因素还有支撑腿的驱动力，以及因为躯干肌肉的紧绷而附加在这一踢之中的体质量。上步侧踢与转身侧踢是此技术的两种常见变式，比起标准的站立式侧踢，这两种技术的攻击力都更为显著。飞身侧踢，需要跳到空中，虽然具有更大的踢击力量，但同时也有缺点，就是当你在空中时，踢击的轨迹已经确定了，因此这项技术更加容易被反击。如图中展示的高位侧踢，是竞技比赛中常见的招式，但是在自卫实战的情况下，就很容易遭到对手低位腿法的反击。

精准度（6/10）

精准度虽然很重要，但由于该腿法的高效能，反而使得瞄准目标的重要性略为降低。如何把整个身体协调运作到这一踢之中才是至关重要的。很多人对于踢击腿的动作和髋部的运动都掌握得很好，但是在协调支撑腿和体质量方面，欠缺很多。例如，如果你的支撑腿离踢击目标太近，那么在一击踢中目标后，返回来的冲击力很有可能造成你后倒，因为你的支撑腿与重心并没有出现在合适的位置上。

半月式单侧卷腹
强化腿部、臀部、核心肌群和腹斜肌；拉伸腿部；改善平衡能力

贴墙侧踢伸展（第125页）
强化股四头肌、臀部肌群和腹斜肌

胫骨前肌

腹内斜肌

腹外斜肌

股外侧肌

股内侧肌

股直肌

腹横肌

腓肠肌

比目鱼肌

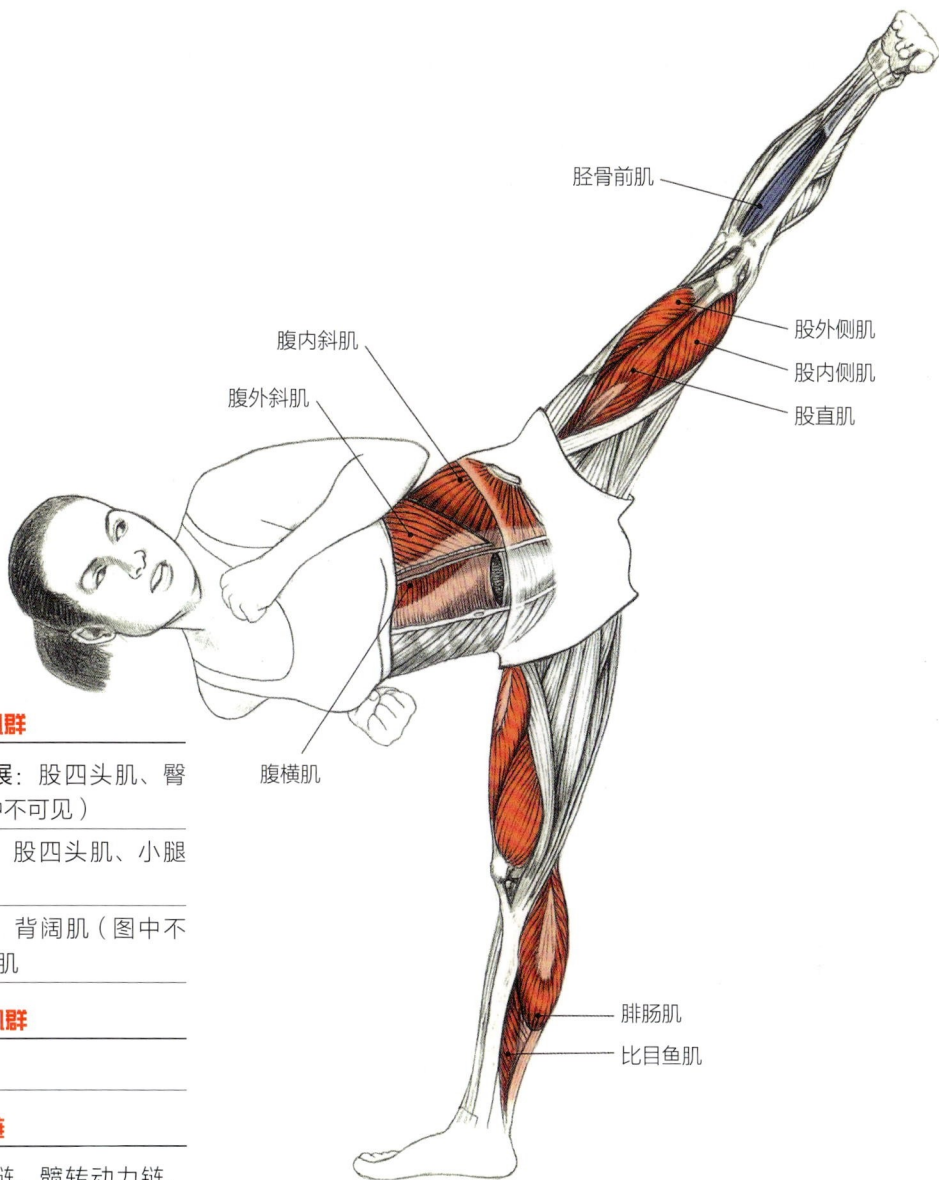

关键动态肌群

踢击腿伸展：股四头肌、臀中肌（图中不可见）

身体驱动：股四头肌、小腿三头肌

身体扭转：背阔肌（图中不可见）、腹肌

关键静态肌群

胫骨前肌

主要动力链

后侧动力链、髋转动力链、腿伸动力链

侧角式
强化股四头肌；拉伸腿部、臀部和身体侧面

鸽子式
伸展臀部、股四头肌和腹股沟韧带

注意

1 随着年龄的增长，髋部的柔韧性通常会减弱。虽然对正蹬和后踢这两种腿法影响较小，但是其他的技术比如鞭腿或者侧踢则显著受到影响。为了对抗这种衰老的趋势，日常一定要花时间进行规律的拉伸练习。

后踢

这种踢技是3种最受欢迎的武术格斗腿法［其余2种是正蹬（第46页）和侧踢（第56页）］之一，此技术被广泛传授，并且拥有惊人数量的不同变式。后踢技术是3种腿法之中最为有力的，因为此腿法使用到了强有力的背部和臀部肌肉；但与其他两种腿法相比，其丧失了精准度。

速度（5/10）

该技术调用了庞大且繁复的肌肉系统，因此该技术的出腿速度比其他腿法慢，但是这种相对的速度欠缺往往被身体扭转的大动作所掩盖。

力量（9/10）

此腿法的主要踢击力量来源于髋关节的转动和踢击腿与支撑腿的双重驱动力。另一个重要的因素是躯干肌肉的绷紧，让一腿之中承载了更多的体质量。转身后踢和跳跃转身后踢是两种常见的变式，攻击力明显比站立式后踢要更为强大。

精准度（6/10）

精准度虽然很重要，但由于该腿法的高效能，反而使得瞄准目标变得不是那么关键。该技术的主要目标是对手的重心所在区域，即使在攻击此区域时踢击被部分阻挡，但造成的伤害依然会令对手苦不堪言。其他的目标可以选择从头部到大腿间的任何区域。与侧踢一样，很多习练者对于踢击腿的动作以及髋部的运动都掌握得很好，但是在协调支撑腿和体质量方面有所欠缺。举个例子，如果你的支撑腿离目标过近，你会因为支撑腿不在合适的驱动位置而被踢中目标返回来的冲击力撞倒。

后摆腿
强化臀部肌群和腘绳肌；拉伸髋部

T字对脚触碰（第125页）
发展平衡能力；强化腿部肌群与核心肌群力量

反向半月式
强化腿部与臀部肌群；拉伸腿部、髋部、脊柱和胸部；改善平衡能力

斜方肌

背阔肌

腹外斜肌

臀中肌

臀大肌

三角肌

股直肌

股外侧肌

腓肠肌

比目鱼肌

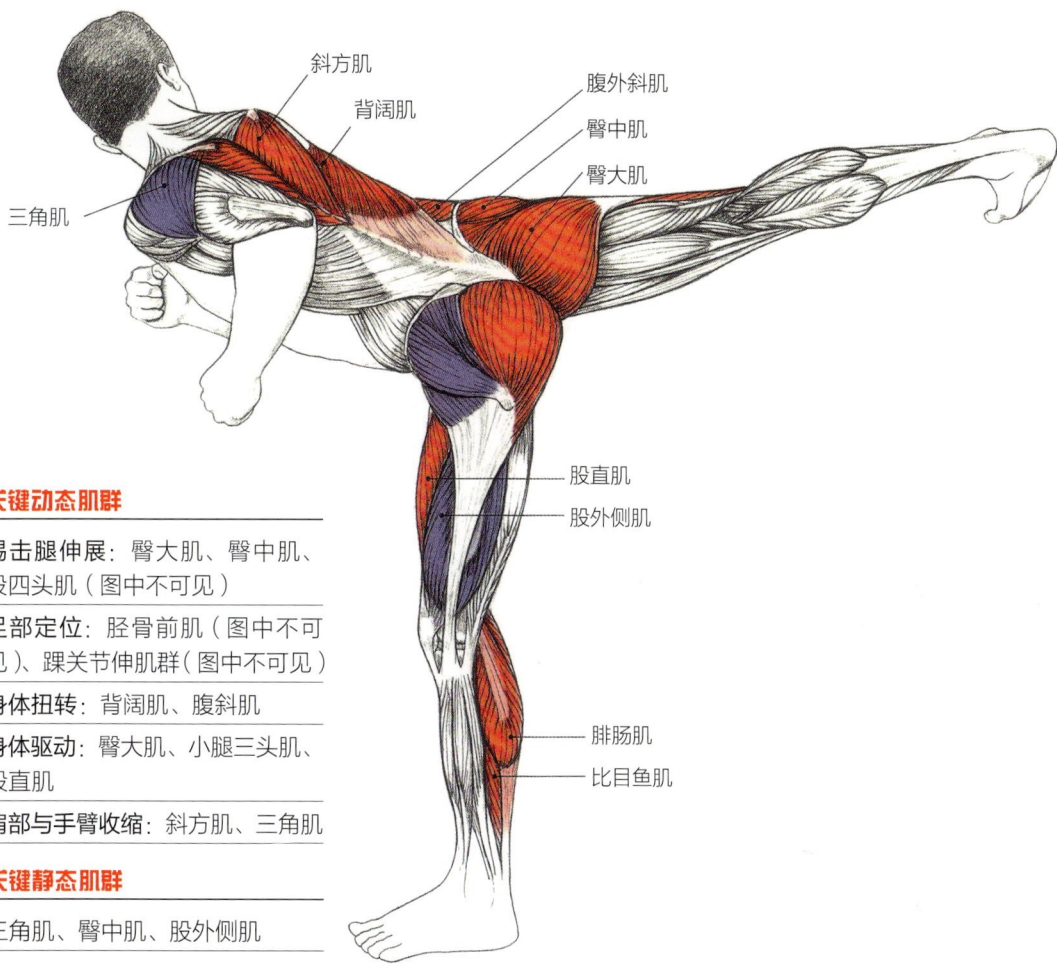

关键动态肌群

踢击腿伸展：臀大肌、臀中肌、股四头肌（图中不可见）

足部定位：胫骨前肌（图中不可见）、踝关节伸肌群（图中不可见）

身体扭转：背阔肌、腹斜肌

身体驱动：臀大肌、小腿三头肌、股直肌

肩部与手臂收缩：斜方肌、三角肌

关键静态肌群

三角肌、臀中肌、股外侧肌

主要动力链

后侧动力链、髋转动力链、腿伸动力链

宽距体前屈 + 肩部拉伸
拉伸腘绳肌、内收肌群与肩部

犁式
拉伸肩膀与脊柱

注意

1. 移动身体的攻击线会改变踢击的目标。虽然以体育竞技为基础的后踢技术往往强调踢击目标位置要高，但事实上位置较低的目标更容易被踢到，并且这种低位后踢更多地被用在自卫防御上。

飞身鞭腿

　　飞身鞭腿、飞身剪刀脚及飞身回旋踢是经典腿法的常见变式。这些进阶类的踢击都需要大量的练习与实践，不仅要掌握本身的出腿技术，而且要学习何时以及如何使用它们来对抗对手。在本书中，我们阐述的是利用后腿施展的飞身鞭腿技术。

速度（**7/10**）

　　此腿法的速度最终取决于髋部的转动和足部的弹踢。然而，许多其他因素，比如肩膀与手臂扭转产生的反向扭矩，也有助于提高这一踢的速度。

力量（**8/10**）

　　这一踢击可以从上跳及接下来的身体扭转中获得额外的巨大的攻击力，而在站立式鞭腿中则无法利用这两个关键技巧。

精准度（**6/10**）

　　除了初始跳跃的协调性之外，5条动力链协调运作是身体内部复杂交互作用的一个关键指标。一个干脆犀利同时富有攻击力的飞身鞭腿是众多高阶武术格斗家的共同追求，当然这项技术也需要异乎寻常的时间和精力去发展和保持。

180°/360°转身跳跃（第125页）
提高下半身爆发力和对身体扭转的控制

单腿跳跃
提高下半身爆发力

弹力带腿外展
强化外展肌群

关键动态肌群

起跳（图中未展示）： 股四头肌、小腿三头肌

踢击腿伸展： 股四头肌

踢击腿侧抬： 臀中肌（图中不可见）、阔筋膜张肌（图中不可见）

身体扭转： 胸肌、腹斜肌

关键静态肌群

小腿三头肌、腹直肌、颈阔肌/胸锁乳突肌

主要动力链

后侧动力链、身侧动力链、髋转动力链、肩转动力链、腿伸动力链

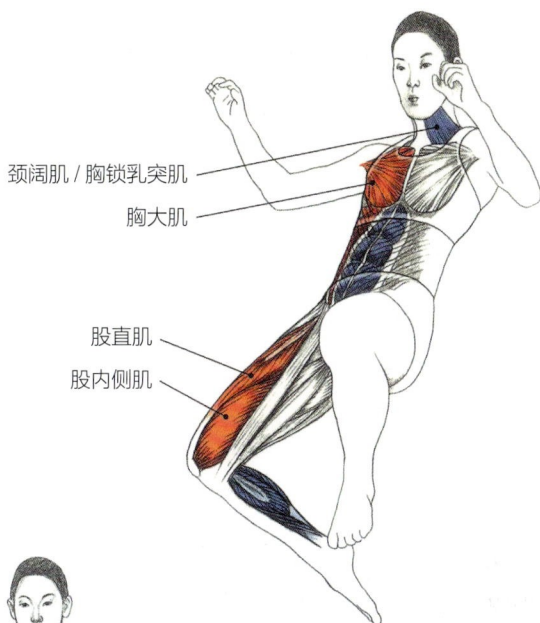

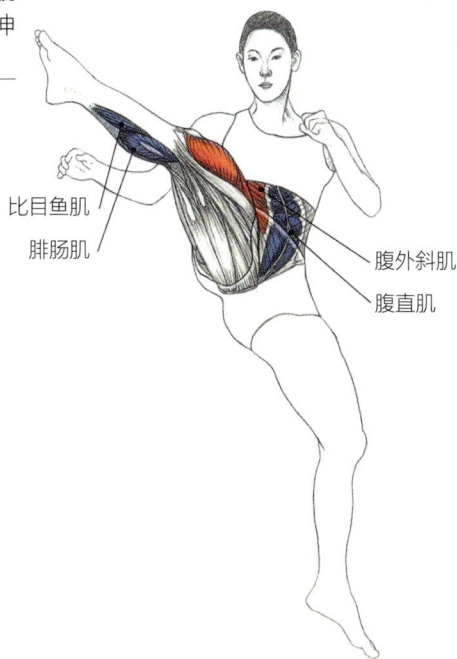

颈阔肌 / 胸锁乳突肌

胸大肌

股直肌

股内侧肌

比目鱼肌

腓肠肌

腹外斜肌

腹直肌

三角式伸展
强化股四头肌；拉伸腿部、髋部、肩部、胸部和脊柱

战士 2 式
强化腿部、臀部、肩部肌群；拉伸内收肌群

注意

1　初学此腿法时，大多数人学练的都是向前跳出腿的方式；少数人学练向后跳出腿，这样可创造更多的空间，以便这一踢不会被向前冲锋的对手拦截住。在任何情况下，落地时都要非常小心，因为这是落脚与跳跃模式中身体扭转的协同动作，因忽略此问题而造成支撑腿扭伤和其他损伤的情况比比皆是。

2　就像所有的起跳飞身技术一样，习练者要意识到身体在空中是非常容易遭到反击的。

后摆腿

这种视觉效果极为惊艳的腿法，在比赛中很常见，而且其攻击力也非常强大。由于此技术施展时间过长，因此经常被用于反击。由于旋转的重心往往远离攻击的击打点，使得该踢击最终的落点难以预测，所以很难被完美地格挡防御。该技术的弱点是支撑腿与腹股沟处，所以这种腿法在自卫防御的情况下，以及允许攻击大腿根部和支撑腿的比赛中，都很少见到。

速度（9/10）

速度在此技术中是最重要的因素，因为有效攻击的时间窗非常短；一个错失时机的后摆腿会使你在防守反击时处于不利的位置。

力量（7/10）

旋转的身体产生了此腿法的大部分踢击力量，手臂与身体的扭转也会大幅度增加旋转的力量。踢击腿不要伸直锁死（尤其是在表演踢板时，踢击腿过度超伸是初学者经常遭受的损伤），并且在出腿之初，髋部要具备一个很明显的偏转角度（译者注：即踢击腿的臀部一侧要抬起至一定角度）。踢击腿在踢中目标之前与最终攻击线大概呈45°时，再次加速，通过臀部与腿快速有力的伸展，使攻击力穿透目标。

精准度（5/10）

此技术需要大量练习，特别是在旋转中要保持身体平衡。旋转需要一个强大且稳定的身体侧仰，因为必须利用旋转的向心力配合臀中肌的力量才能使这一踢到达所需的攻击高度。

后摆腿
强化臀部肌群和腘绳肌；拉伸髋部

反向三角式
强化腿部肌群；拉伸腿部、臀部、脊柱和胸部

反向半月式
强化腿部与臀部肌群；拉伸腿部、髋部、脊柱和胸部；改善平衡能力

三角肌

斜方肌

腹外斜肌

臀中肌

半膜肌

半腱肌

股二头肌

臀大肌

股外侧肌

腓肠肌

比目鱼肌

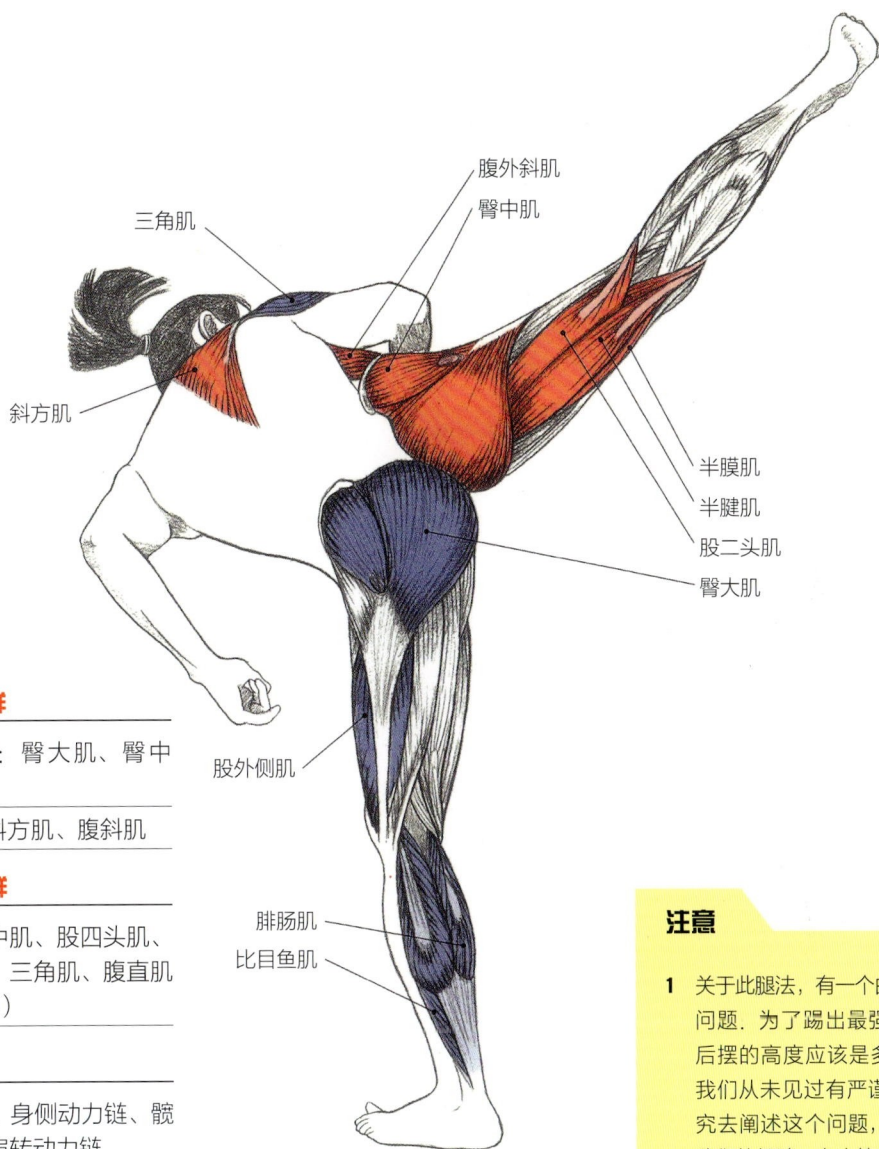

关键动态肌群

踢击腿伸展：臀大肌、臀中肌、腘绳肌

身体扭转：斜方肌、腹斜肌

关键静态肌群

臀大肌、臀中肌、股四头肌、小腿三头肌、三角肌、腹直肌（图中不可见）

主要动力链

后侧动力链、身侧动力链、髋转动力链、肩转动力链

侧边卷腹
强化腹斜肌

鸽子式
伸展臀部、股四头肌和腹股沟韧带

注意

1 关于此腿法，有一个由来已久的问题：为了踢出最强的一击，后摆的高度应该是多少？虽然我们从未见过有严谨的科学研究去阐述这个问题，但是根据我们的经验，在中等高度（略高于臀部）踢出的一击，踢中目标时可以产生最大的攻击力。如果我们的理论是真实的，这可能是因为：相对于低位后摆和高位后摆，中位后摆可以募集核心肌群来应用于这一踢之中。这个理念可以追溯到古老的"开花生酱罐"武术格斗理论：如果你需要打开一个盖子黏住了的花生酱罐子，你通常会把罐子放在肚脐的部位去发力拧盖子（而不是放在头顶发力），以便对盖子施加最大的力量。

转身低扫

此种技术经常用于反击，特别是遭遇对手近距离的快速/强力进攻时，通常是应对腿法。身体快速下潜配合回身旋转，使得此技术的击打点异乎寻常。对手即使被踢中重心腿而没有被击倒，但对手承受这一踢依然会很痛苦。

速度（9/10）

此技术中速度是最重要的因素，因为进攻机会的时间窗非常短暂；如果低位扫腿错失了施展时机，将会使你处于一个不利的位置及姿态，进而遭到反击。

力量（7/10）

旋转的身体产生了此腿法的大部分踢击力量，同时扭转身体也会增加旋转的力量。踢击腿不要伸直锁死（尤其是在表演踢板时，踢击腿的过度超伸，是初学者经常遭受的损伤），施展时髋部要具备一个很明显的偏转角度（译者注：即踢击腿的臀部一侧要抬至一定的角度）。踢击腿在踢中目标之前与最终攻击线大概呈45°时，再次加速，通过臀部与腿快速有力的伸展，使攻击力穿透目标。

精准度（5/10）

此技术需要大量练习，特别是练习如何在旋转中保持身体平衡。正确的旋转需要一个强大且稳定的身体侧弯幅度，因为踢击腿主要依靠臀中肌的支撑才能在贴地的情况下高速扫过。

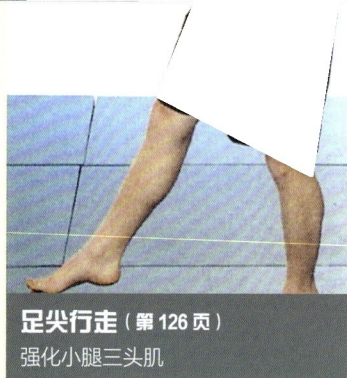

弹力带腿外展
强化外展肌群

足尖行走（第126页）
强化小腿三头肌

单腿臀桥＋臀推（第125页）
增强骨盆推力；拉伸胸部和肩膀

关键动态肌群

踢击腿伸展： 臀大肌

身体扭转： 腹斜肌

关键静态肌群

臀中肌、腘绳肌、小腿三头肌（图中不可见）、股四头肌（支撑腿，图中不可见）

主要动力链

后侧动力链、身侧动力链、髋转动力链、肩转动力链

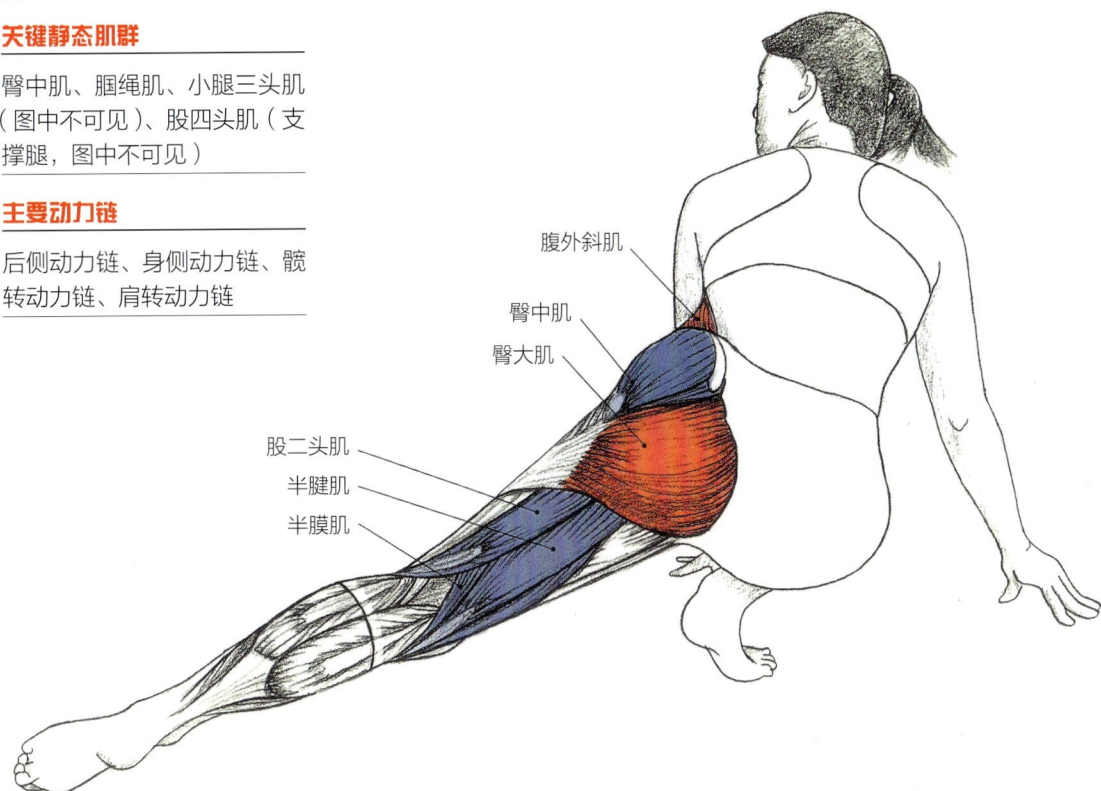

腹外斜肌

臀中肌

臀大肌

股二头肌

半腱肌

半膜肌

侧角式
强化股四头肌；拉伸腿部、臀部和身体侧面

鸽子式
伸展臀部、股四头肌和腹股沟韧带

注意

1　使用前脚掌作为支撑可以扩大此技术的踢击范围，但也会让维持身体平衡变得困难。有些人更喜欢将支撑腿的膝盖贴地作为旋转的中心点，这样更容易保持平衡，但是踢击范围的直径将缩减为大腿的长度。而且这个使用膝关节的变式也具有一定的危险性，因为快速下潜会造成膝盖砸向地面，可能造成相当严重的膝关节损伤。

摔投技术

本章节介绍的摔投技术都是相当基础的技术，因为即使是一般的摔技和投技，其所包含的原理都极为复杂，因此本章算是全书最难编写的一章。虽然本书的目的是提炼和描述某个特定技术中使用的关键肌肉，但是摔投技术的施展往往具有多个阶段，其中每个阶段都会使用不同的关键肌群。由于篇幅有限，我们将着重介绍使用技术时将对手摔出的部分。

我们选择了各具代表性的摔投技术来阐释此技术体系中基本招式的不同特点。一些摔投技术，比如小外刈或者体落技术，对精准度的要求非常高。另外一些摔投技术比如扫腰摔和肩车则需要更多的力量。还有如背负投与体落施展时，你需要把背部朝向对手，而正面掬投与小外刈等，却需要与对手面对面施展。最后还有一些摔投技术，像肩车是用身侧发力完成摔投的。

简而言之，一个"标准"的摔投技术可以划分为3个阶段：打破对手的平衡，进入预备姿态，施展摔技投出。本章中展示的9种摔投技术（尽管手腕摔是多个连续摔投技术的收尾招式，但其本身并不算一个独立的摔投技术），我们着重阐释的是投出阶段；我们偶尔也会科普一些与初始动作相关的重要肌肉，比如打破对方平衡时的手臂拉扯技术。然而这些技术的其他方面（肌肉之外）掌握起来依然不简单，需要大量练习才能达到效果。例如肩车与掬投的抬起阶段需要很大的力量、良好的自身平衡感与时机的把握；而顺利完成一个完美的体落技术则需要对自身力量和双方平衡感的极佳掌控。对时机要求最高的是小手返。这些技术要领在本章中都会被提及。

摔投技术

- 巴投（过胸摔）
- 大外刈（大切别摔）
- 小外刈（小切别摔）
- 体落
- 背负投（过肩摔）
- 小手返（反手摔）
- 扫腰摔
- 正面掮投（米包投）
- 肩车

巴投（过胸摔）

　　虽然此技术可以作为一种进攻性技术来施展，但更多时候，这种摔投技术是在防御对手的突进或者冲锋时使用。当将此技术作为防御技术施展时，动作进程往往会相对慢一些，因为这需要与进攻方的速度和力量相匹配。这种速度与力量的结合，可以让你利用攻击者的力量来对付他自己。

速度（4/10）

　　当巴投作为一项进攻技术被运用时，为了能在对手的身体重压之下，快速进入抛摔姿态，速度还是极为必要的。

力量（7/10）

　　主要力量由摔投技术中的以下两个方面来产生。

　　正向拉力： 除非你的对手正面冲锋，否则你必须从正面把他拉过来，这样才能打破他的身体平衡稳定姿态，同时你还能顺势滑到对手下方位置，做好抛摔准备。

　　腿伸展： 当对手失去身体平衡时，你的伸展腿可以将其身体蹬离地面。通过髋部迅速上顶发力，你也可以对腿的伸展进行加速。

精准度（8/10）

　　如果动作施展正确，那么整个运动轨迹呈圆形，施展摔法的人与对手形成圆的外圈，而伸展腿则为辐条；这也就是为什么有时此技术被称为圆形投技。结合身体的扭转，同时以一定角度倒在对手身体下方时，把对手拉向你的方向，朝着你伸展腿对侧的肩膀位置，以确保对手不会整个人砸在你身上。这些要领的优先级会随着投掷的情况不同而有所改变。

单臂哑铃划船
强化斜方肌

杠铃／哑铃上拉
强化胸肌、肱三头肌、背阔肌

空中蹬车
提高核心肌群的灵活性与力量

关键动态肌群

将对手身体向前拉（图中未展示）：胸肌、肱二头肌、三角肌

正向拉力：肱二头肌、三角肌（图中不可见）

腿伸展：股四头肌、臀大肌

身体扭转（图中未展示）：腹斜肌

关键静态肌群

腹直肌、前锯肌、胸锁乳突肌

主要动力链

后侧动力链、腿伸动力链、肩转动力链

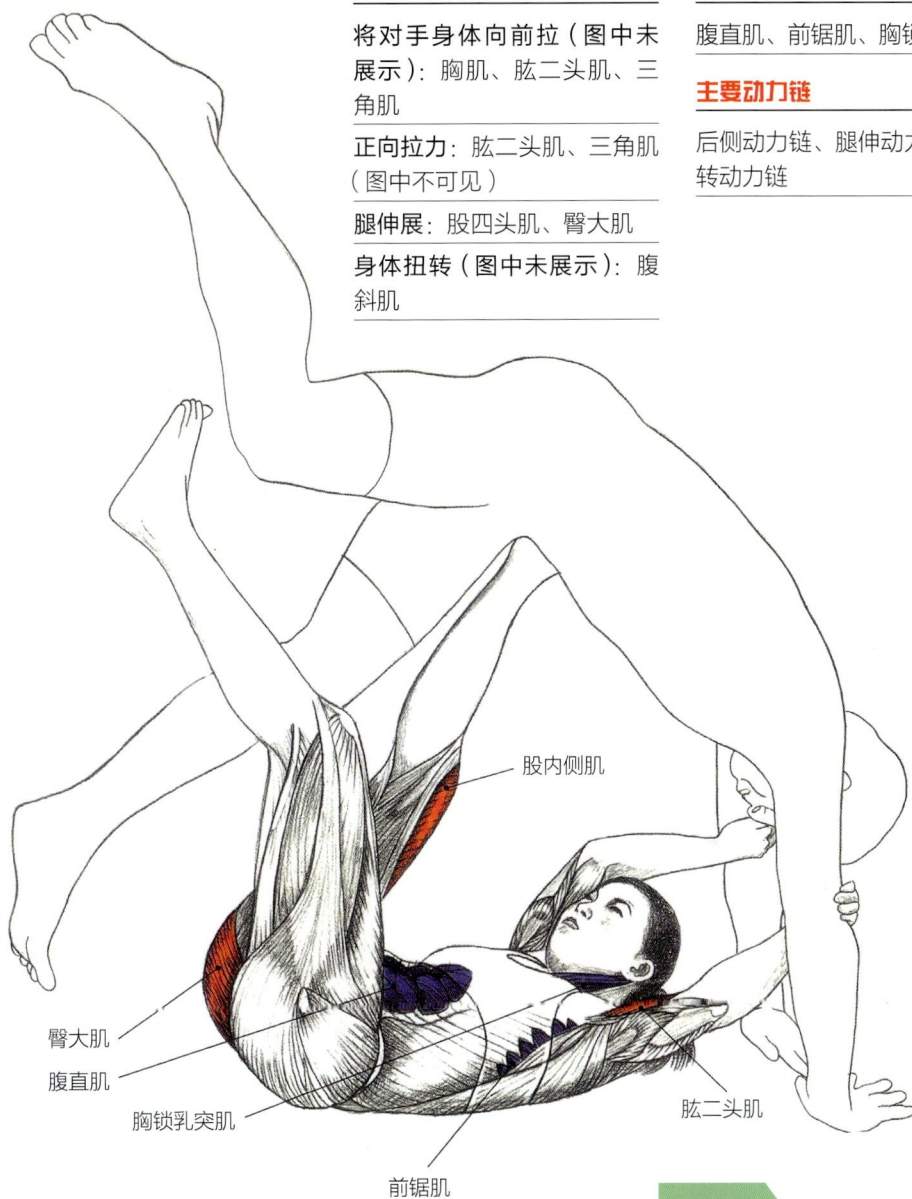

股内侧肌

臀大肌

腹直肌

胸锁乳突肌

前锯肌

肱二头肌

单腿臀桥 + 臀推（第 125 页）
增强骨盆推力；拉伸胸部和肩膀

翻滚（第 125 页）
背部与髋部热身

注意

1　此种投掷技术，有时候也被称为"柯克船长摔投"，由于《星际迷航》中的角色在拍摄期间多次施展此摔法而得名。

2　初学者最常犯的错误就是，把对手拉倒砸在自己身上，而不是把对手拉过身体扔出去。因为把一个本来正确的圆周运动变成了一个平直的线性运动，一些教练将此情况比喻成"爆胎"。

大外刈

　　此摔法对于练习摔投技术的初学者而言，可以说是最简单且安全的招式了，大外刈常常被当作初学者的第一个入门技术来传授。并且此技术作为一套组合摔法中的第二式来施展效果显著，此技术也可用来反击对手的摔技。

速度（6/10）

　　当作为一种反击技术施展时，摔投的速度往往更多地取决于对手的速度与力量，而不是其他因素。例如，当一个对手突然发力拉扯你，你需要与对手拉扯的动作融合在一起，快速且有力地施展大外刈。

力量（8/10）

　　产生摔投力量的两个关键因素如下。

　　身体扭转： 在施展这个摔技时，你需要强势接近对手，同时把他拉向你身体的一侧。直到对方撞在你的肩角上。在撞击时，一手拉，另一手要推，借此扭转你对手的站姿结构，来破坏他的身体平衡。

　　腿切入（别腿/绊腿）： 肩部扭转时，你的腿略微屈膝，别住或者绊住对手的一条腿或者双腿。这种别腿/绊腿的力量不仅来源于腿部的摆动，同时你的身体发力前倾也可增加驱动力。

精准度（5/10）

　　缩短压近你与对手身体间的距离是本技术至关重要的因素。就算对手距离你仅有十几厘米远，施展此技术时，效果也会大大降低。去别或者绊对手的整条腿也是很重要的因素（译者注：不要只注重别或绊小腿）。初学者通常达不到足够远的摔投效果就是因为这一点，因为这样给了对手恢复平衡的机会，以至于无法顺利将其摔出。

后摆腿
强化臀部肌肉和腘绳肌；拉伸髋部

弓箭步 + 转体
提高髋部灵活性，同时发展核心力量

药球上斜伏木
（第126页）
强化腹斜肌和肩部肌群

三角肌

背阔肌

腹外斜肌

臀大肌

股二头肌

半腱肌

半膜肌

腓肠肌

比目鱼肌

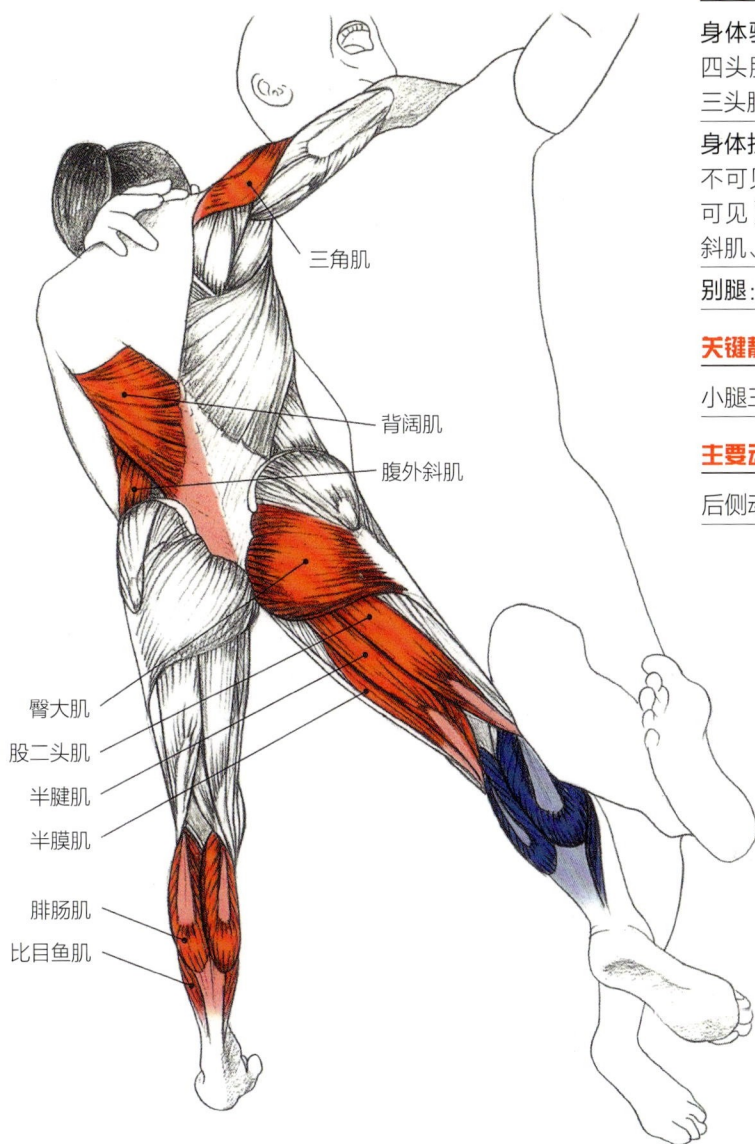

关键动态肌群

身体驱动（图中未展示）：股四头肌（图中不可见），小腿三头肌

身体拉近与扭转：胸肌（图中不可见）、肱二头肌（图中不可见）、三角肌、背阔肌、腹斜肌、腹直肌（图中不可见）

别腿：臀大肌、腘绳肌

关键静态肌群

小腿三头肌

主要动力链

后侧动力链、肩转动力链

爬虫伸展（第124页）
强化手臂、肩膀、胸肌以及核心肌群；拉伸腘绳肌

反向半月式
强化腿部与臀部肌群；拉伸腿部、髋部、脊柱和胸部；改善平衡能力

注意

1 经常见到习练者在施展此技术末端时让自己身体前滚，甚至越过对手站位，来达到抛摔对方的目的，这是一种让此招变得既快速又强势的技术要领。

2 使用支撑腿发力驱动身体，是打破对手身体平衡至关重要的因素。

小外刈

这种近身摔法需要施展者对时机的掌控与全部身体的投入才能成功完成。此技术并不依赖于力量的碾压，如果你想全面掌握这个要求严苛的技术，那么学习其谨慎的施展时机才是最为重要的。

速度（7/10）

对于速度的要求是你的动作与对手的动作要相应和、同频率。由于所有的外刈对于力量的要求都不是太高，因此此技术施展成功与否，更依赖于速度和对时机的掌控。

力量（3/10）

此摔技的主要力量是由手臂运动产生的。与扫动腿（译者注：伸出去别住对手的那条腿）同侧的手臂把对手拉向自己的同时，另一只手则要把对手向前推，当然这一切的目的都是通过扭转破坏对手的身体平衡。双腿的运动模式也是正好相反的，前腿从外到内别住对手，而后腿则要伸直，用力驱动身体去冲倒对手。

精准度（8/10）

所有的摔投技术中所用到的力量越小，对时机的要求就越高。而小外刈技术，就是这个论断的典型代表招式。双臂与双腿的不同扭转要领，以及这些动作与对手身体运动的时机的配合，使得此技术成为很难熟练掌握的摔投技术之一。

同伴深蹲（第 125 页）
强化股四头肌和臀大肌

空中蹬车
提高核心肌群的灵活性与力量

拍手俯卧撑（第 124 页）
提高上半身爆发力

关键动态肌群

手臂拉拽（如图所示，左臂）：
三角肌、斜方肌

手臂前推（如图所示，右臂）：
胸肌、肱三头肌（图中不可见）、三角肌

肩部扭转与身侧驱动： 腹斜肌、背阔肌

扫腿： 缝匠肌、腘绳肌（图中不可见）

身体驱动： 股四头肌、小腿三头肌（图中不可见）

关键静态肌群

腹直肌、肱二头肌、肱肌、肱三头肌

主要动力链

后侧动力链、身侧动力链、腿伸动力链、肩转动力链

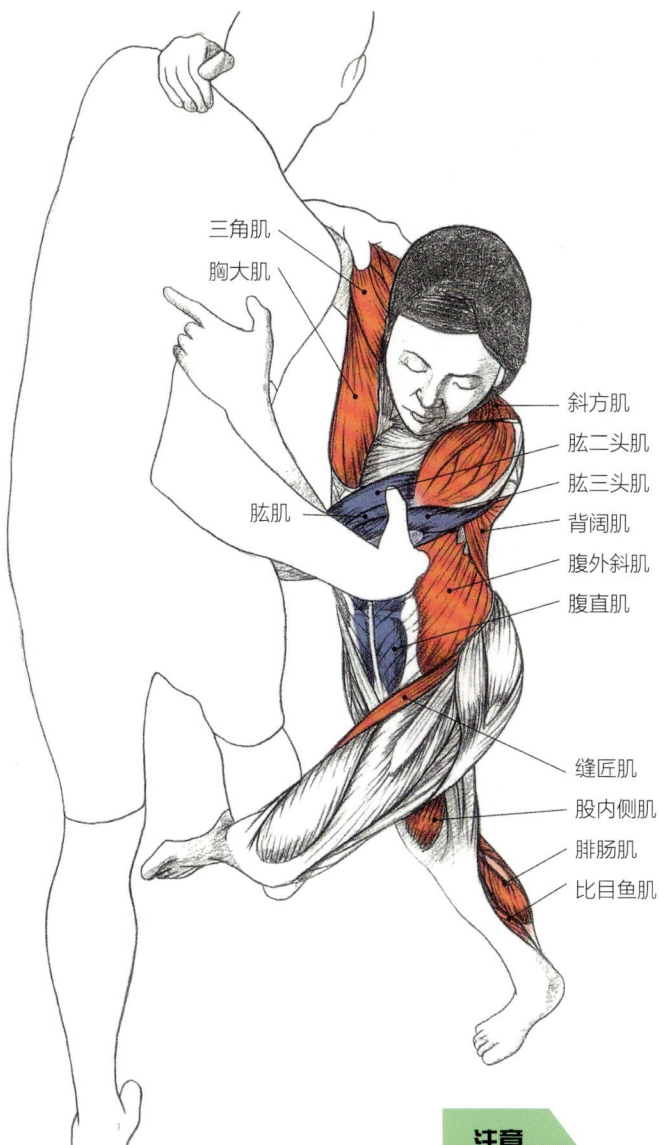

三角肌
胸大肌
斜方肌
肱二头肌
肱三头肌
背阔肌
腹外斜肌
腹直肌
肱肌
缝匠肌
股内侧肌
腓肠肌
比目鱼肌

树式
改善平衡能力；拉伸并强化腿部与臀部肌肉

跪姿弓步
伸展髋屈肌和股四头肌

注意

1　缝匠肌在别腿这个动作上起到很大的作用，但其本身是一个相对薄弱的肌肉，因此如果在没有其他辅助的情况下，无法独立运用此肌肉来完成此技术。这些辅助要领包括——习练者身体的运动和手臂的拖拽与推拉破坏对手的平衡。至少把对手体质量的一部分从他们被别住的腿上移开。

2　为了使此技术施展得协调顺利，想象你的手与参与别腿的足部是沿着一个大圆的外缘开始发力的。

体落

此摔法通常也被称为手掷（日本柔道中称为手技TE-WAZA），体落技术并不依赖于太多力量，所以速度与精准度是成功施展此技术必不可少的因素。与其他那些不需要太多力量的技术一样，体落通常作为防守技术或者反击技术来施展，通过偏转对手进攻过来的力线，借力施展。

速度（9/10）

速度是使你的身体动作与对手的身体运动相契合的必要条件。这一技术包含大量的动作：你的髋部与身体必须转动，你的手臂必须伸展以引导对手身体向前移位。一旦他失去平衡，你的手必须猛地向内拉，迅速发力造成对手身体向前翻滚，反手使其摔出。

力量（4/10）

此摔法的绝大部分力量来源于对手的前冲动作，其实就是带偏对手向前运动的力线，同时放大他的重心偏移角度来借此打破他的身体平衡，进而施展出体落技术。虽然说附加在此技术上的力量并不需要太大，但是一定的力量依然是必要的，同时这个发力的时机也非常关键。

精准度（8/10）

把你的身体动作与对手的运动结合起来需要非常高的投入度（译者注：舍身的觉悟），因为如果你的体落技术一旦施展失败，你的后背将会暴露在对手的反击之下。

关键训练动作

拍手俯卧撑（第124页）
提高上半身爆发力

站姿弹力带拉拽练习（第125页）
强化斜方肌、肱三头肌、三角肌、前锯肌、胸肌和腹肌

卷腹（双足离地）
强化核心肌群

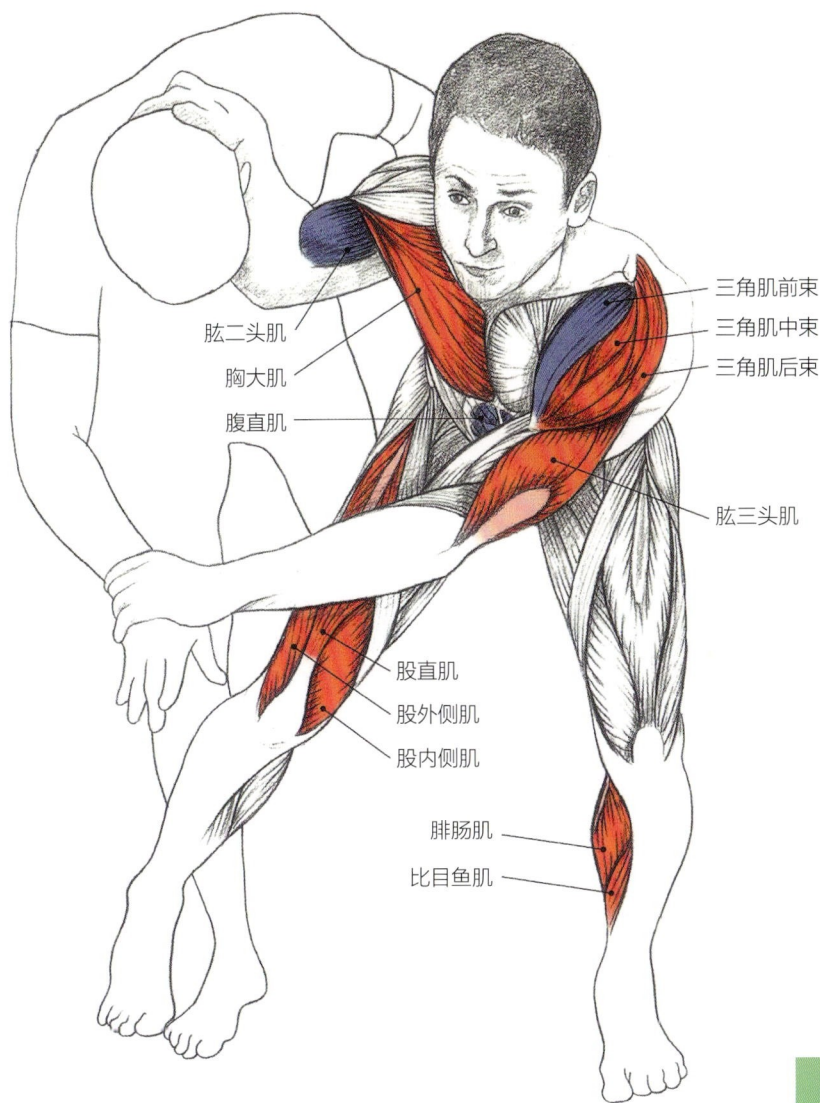

肱二头肌
胸大肌
腹直肌

三角肌前束
三角肌中束
三角肌后束

肱三头肌

股直肌
股外侧肌
股内侧肌

腓肠肌
比目鱼肌

关键动态肌群

初始手臂拉力（图中未展示）：胸肌、三角肌、肱二头肌、肱桡肌

手臂伸展（如图所示，左臂）：三角肌后束、肱三头肌

身体扭转：腹斜肌（图中不可见）、胸肌

身体驱动：股四头肌、小腿三头肌（图中不可见）

关键静态肌群

腹直肌、臀大肌（支撑腿，图中不可见）、三角肌前束、肱二头肌

主要动力链

后侧动力链、髋转动力链、肩转动力链、臂伸动力链

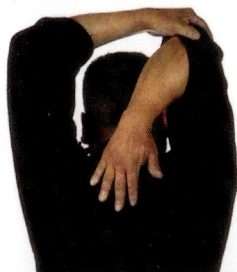

立肘肩部拉伸
拉伸肩膀与肱三头肌

背后合掌
拉伸手腕与前臂

注意

1　一旦对手的身体开始向前翻滚，那么通过把伸展的手臂向自身方向拉回来可以增加这一摔技的凶猛程度。

2　用于主导技术的发力手放置的位置虽然是在对手头部周围，但是具体位置往往是多种多样的。有的习练者会用手抓住对手颈后位置，这样可以更容易地发力将对手拽向前方。然而，另外一些习练者则把手立于对手下巴下方的位置，这样有助于打破对手的身体平衡；当平衡打破之后，再顺势上滑到对手颈后发力把他摔向前方。

背负投（过肩摔）

此技术被认为是继扫腰摔（第80页）和大外刈（第70页）之后，最基础的摔投技术之一。尽管背负投以及该技术的多种变式在比赛中的地位至关重要，但是在自卫防御教学中，此摔法更多地被用来防御来自身后的攻击，而不是作为一种进攻技术存在，毕竟这个技术中含有要背向敌人这个因素。

速度（5/10）

当背负投被用于进攻时，通常要施展得非常迅速。不过作为一种防守技术，此摔法的速度往往取决于对手的速度与力量，因为这种摔法要与对手的进攻速度相结合才能成功施展。

力量（7/10）

此摔法的内在力量分为两个阶段：利用后侧动力链和腿伸动力链协同运动，把对手从地面上顶起，使其悬空，然后扭转肩膀，同时略微顶胯。最常见的一个减少此摔法力量的错误是：参与投掷一侧的肩膀与对手身体之间的距离太远，这样即使可以顺利施展此摔法，也会令肩膀扭转发力的效果大大减低。让你的身体与对手的身体紧密接触是让这个动作有效的关键因素。

精准度（6/10）

在实际教学中，背负投的施展方式多种多样，有单臂、双臂、身体下降和应用腿部辅助等变化。有些人强调速度，有些人则强调发力，根据对手进攻的相对速度、力量和位置来选择使用哪一种变式，需要依靠训练经验的累积才能准确判断并施展。在所有这些变式中，最重要的技术要领是确保你的身体要低于对手，并且在最初发力把对手顶离地面时，你的身体一定要在前方与对手身体对齐。

关键训练动作

同伴深蹲（第125页）
强化股四头肌和臀大肌

药球上斜伐木（第126页）
强化腹斜肌和肩部肌群

站姿弹力带拉拽练习（第125页）
强化斜方肌、肱三头肌、三角肌、前锯肌、胸肌和腹肌

天键动态肌群

初始身体拉近（图中未展示）：
胸肌、肱二头肌、三角肌

手臂伸展（如图所示，左臂）：
三角肌后束、肱三头肌

肩部扭转： 胸肌、腹斜肌（图中不可见）、腹直肌

腿伸： 股四头肌、小腿三头肌

天键静态肌群

臀大肌（图中不可见）、肱二头肌、肱肌

主要动力链

后侧动力链、腿伸动力链、肩转动力链

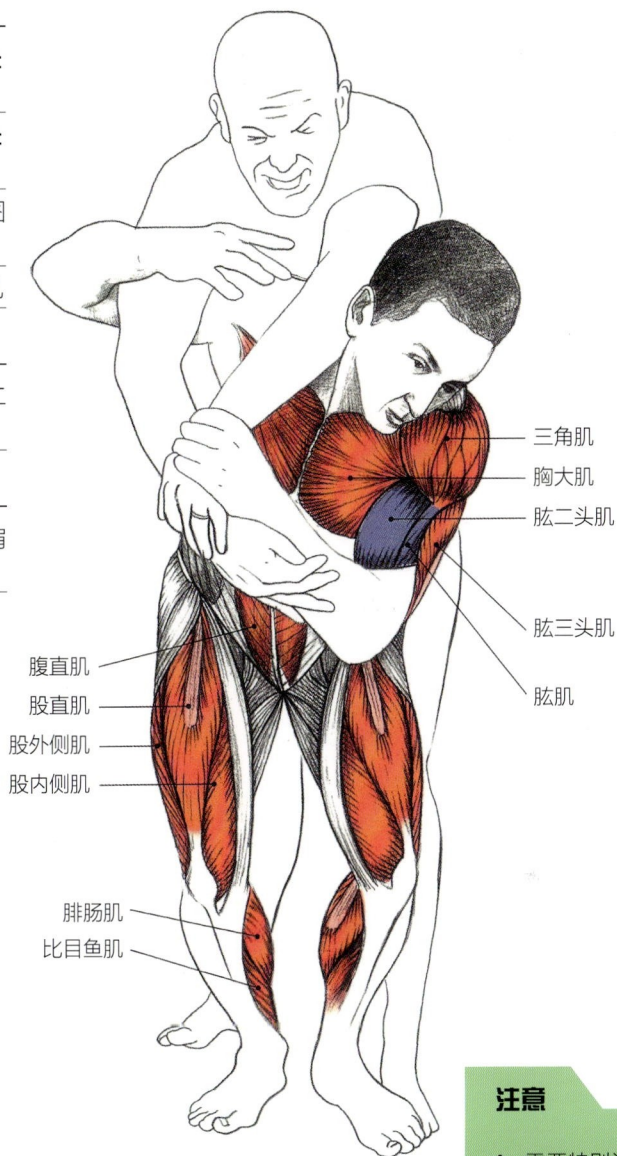

三角肌
胸大肌
肱二头肌
肱三头肌
肱肌

腹直肌
股直肌
股外侧肌
股内侧肌

腓肠肌
比目鱼肌

弓箭步 + 转体
提高髋部灵活性，同时发展核心力量

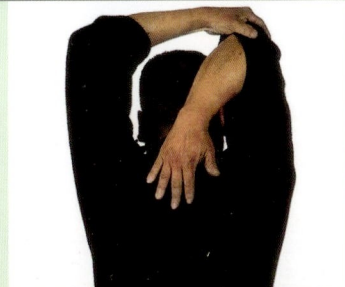

立肘肩部拉伸
拉伸肩膀与肱三头肌

注意

1　需要特别注意，不要将你参与发力摔投的手臂拉伸到胸部平面之后（译者注：手臂与胸的夹角不要大于180°），因为这会削弱你向前拉拽对手的力量。若遇到激烈反抗的对手，则会因为对方猛拉硬拽你的手臂而使你的肩膀脱臼。

2　双臂背负投（如图所示）时，在投出的时候往往会使对手手臂形成一个僵直的手臂杠杆（译者注：由于手臂扭转造成的肘关节锁定）。因此练习这种变式时，一定要小心，否则很容易对肘部造成损伤。

小手返（反手摔）

此摔法属于一种过渡衔接技术，经常被用于初始招式，比如在过腰摔或者手腕投之后，应用本技术过渡，顺势再接个可行的完结动作（如手腕锁、臂锁或者踩脚踩踏）。此技术最重要的是，把对手摔到空中自由下落时，你的双臂必须猛地向自身方向拉拽，同时通过反手发力在空中掀翻对方。这个动作会加重摔倒的冲击力，并且让施展者在一个有利的位置施展最后的完结技术。

速度（6/10）
此技术的速度来源于施展时向内的螺旋运动（译者注：以身体中轴线为中心，脊柱与髋部内收内旋）。大多数摔投技术（如过腰摔或者手腕投）运用之初都需要施展者身体具备一个很大的弧度，以便在打破对手的身体平衡时（译者注：有足够的发力距离）将对手摔出。一旦对手的身体已经凌空，他将变得易于操控，但同时这个时间窗也非常窄，意味着你需要一个精准的时机发动此招，将在空中的对手再次掀翻。

力量（8/10）
此技术的大部分力量来源于下面两个方面：一是前腿伸展推动身体向后，这也是你开始发力掀翻处于凌空状态对手的时刻；二是在背部主要肌群的协助之下，手臂向内拉拽，完成此招式的同时，使这一摔更加犀利干脆。

精准度（6/10）
最难掌握的就是捕捉到施展此技术的时机。施展此技术的时机过早或过晚，都会令此招无效，甚至可能让施展者处于一个岌岌可危的境地，非常容易遭到对方反击。

波比跳
提高全身爆发力

身体拉拽（第124页）
强化斜方肌、背阔肌和股四头肌

T字对脚触碰（第125页）
发展身体平衡能力；强化腿部肌群与核心肌群的力量

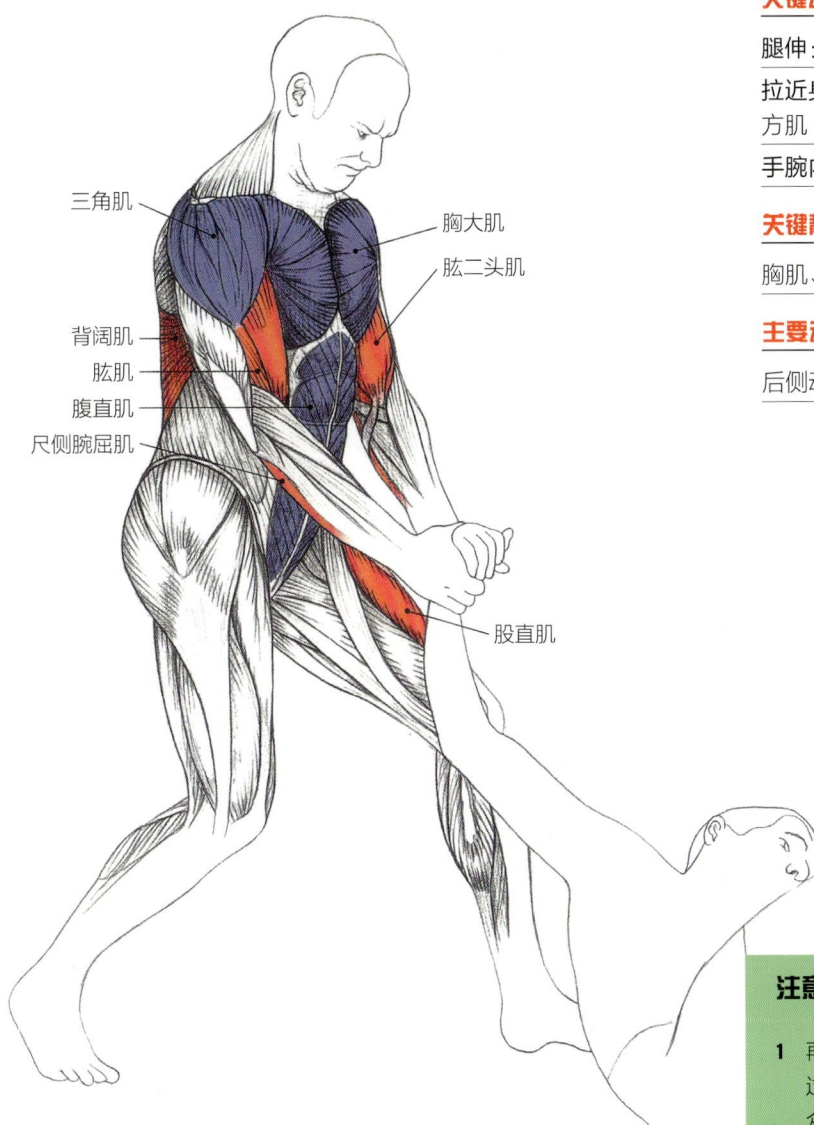

三角肌

胸大肌

肱二头肌

背阔肌

肱肌

腹直肌

尺侧腕屈肌

股直肌

关键动态肌群

腿伸：股四头肌

拉近身体：肱二头肌、肱肌、斜方肌（图中不可见）、背阔肌

手腕内收：腕内收肌群

关键静态肌群

胸肌、三角肌、腹直肌

主要动力链

后侧动力链、腿伸动力链

注意

1　再次强调一下，此摔法是一种过渡技术。使用前施展者要在众多完结技术中预设一种，其中包括拉住对方手腕，并且踩其肋骨；扭转对方手臂来制造一个手腕、肘部和肩部的反关节锁；或者直接反折其手臂压在对方脸上，顺势进入降服姿态或者固定控制姿态。

2　为了防止受伤和降低遭到反击的概率，一定要把你的臀部向前顶同时背部向后靠，这样你的整个身体从腿到手臂，都可以参与到最后的猛力拉拽之中。如果俯身前倾加上圆背的话，可能造成背部损伤，也会让你在角力时很容易被对手拉倒。

俯卧撑 + 单臂划船
强化核心肌群、背阔肌、斜方肌和三角肌

反向平板支撑
拉伸臂部、肩部和身体前侧

扫腰摔

在为数众多的以腰胯为杠杆的摔投技术中，此摔法是最具威力的一项技术。因为动作中蕴含的扫腿可以让对手旋转倒地。在施展此招式的时候，最大的困难来自：进行扫腿动作时，你只有一条支撑腿立于地面上，这明显增加了对身体平衡能力的要求。

速度（6/10）

此摔法的施展速度没有普通的过腰摔快，但是由于此摔法会让对手的身体在摔落中附加旋转，所以对手的下落速度实际上更快。

力量（9/10）

扫腰摔的内在力量的产生分为下面3个阶段：将对手从地面上顶起、扫腿和扭转肩膀。

精准度（6/10）

身体与扫动腿保持在一条直线，是用支撑腿维持身体瞬间平衡又驱动发力的关键。要注意，在这种情况下，"身体平衡"指的不是保持不动，如静态平衡；它指的是，在整个技术的施展过程中，能始终对身体动态保持控制。

关键训练动作

后摆腿
强化臀部肌肉和腘绳肌；拉伸髋部

药球上斜伐木（第126页）
强化腹斜肌和肩部肌群

站姿弹力带拉捷练习（第125页）
强化斜方肌、肱三头肌、三角肌、前锯肌、胸肌和腹肌

关键动态肌群

支撑腿伸展：股四头肌、小腿三头肌

身体拉近与扭转：胸肌、三角肌、腹斜肌、腹直肌

手臂拉拽（如图所示，左臂）：斜方肌、三角肌（图中不可见）、肱三头肌

扫腿：臀大肌（图中不可见）、腘绳肌（图中不可见）

关键静态肌群

臀大肌（支撑腿，图中不可见）、股四头肌、小腿三头肌、斜方肌、三角肌后束、肱二头肌（图中不可见）

主要动力链

后侧动力链、腿伸动力链、肩转动力链

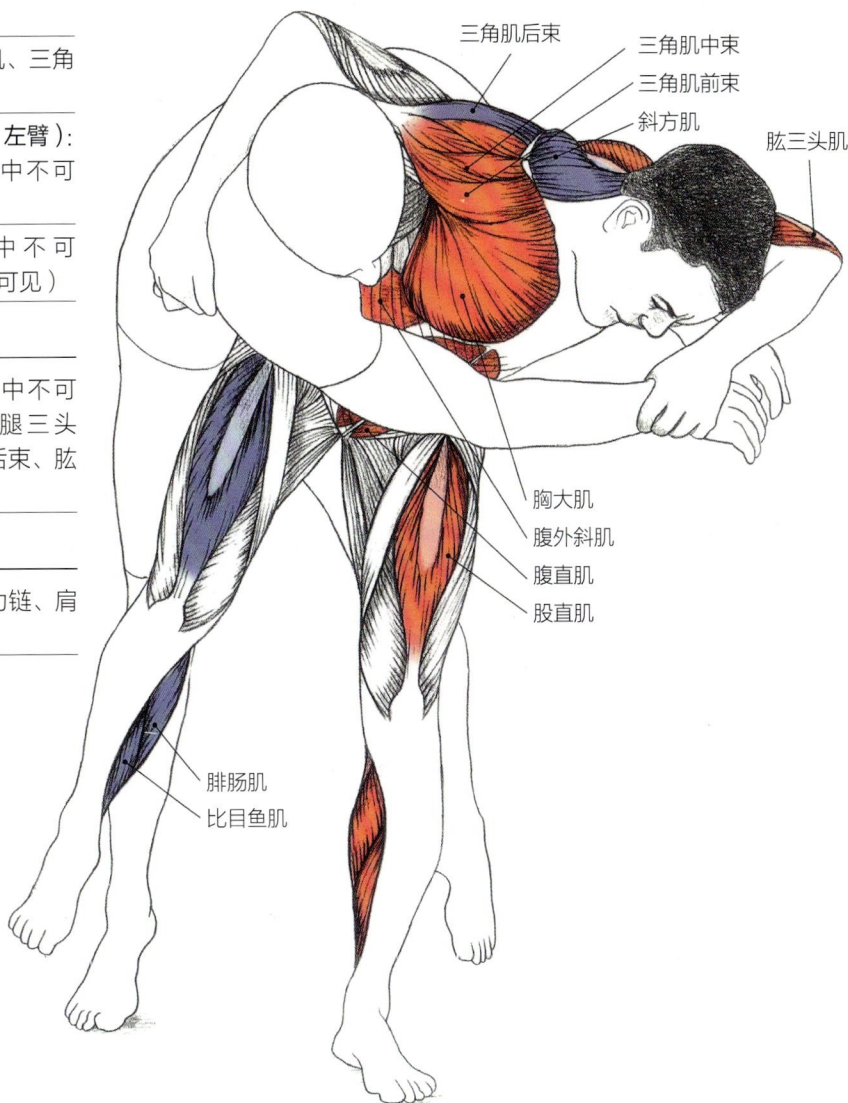

三角肌后束
三角肌中束
三角肌前束
斜方肌
肱三头肌

胸大肌
腹外斜肌
腹直肌
股直肌

腓肠肌
比目鱼肌

侧边卷腹
强化腹斜肌

反向半月式
强化腿部与臀部肌群；拉伸腿部、髋部、脊柱和胸部；改善平衡能力

注意

1　习练者在施展此技术时令自己也摔倒在地的情况比比皆是，因此学习如何安全地完成此摔法是学习此招的一个重要方面。

2　注意不要让你内侧的手臂（如图所示，右臂）过伸到胸部平面之后（译者注：手臂与胸的夹角不要大于180°），因为如果遇到对手的强烈抵抗，很可能会造成肩部损伤，甚至脱臼。

正面掬投（米包投）

此技术通常被形象地称为"米包投"，这个贴切的名字来源于如何安全地拿起一包沉重的大米的方式。虽然摔跤手、综合格斗习练者与柔道运动员都知道此技术，但此摔法在自卫的情况下并不常用，因为它需要抓住对手两腿之间的部分。

速度（4/10）

速度虽然在此技术中很重要，但是速度的重要性仅局限在把对手抬离地面，并且完成投出的那一个关键时刻。这项技术通常在双方身体碰撞的一瞬间出现施展机会——例如，你设法闪过对手的一拳，并且借此接近对手身体，然后你发现双方身体碰撞在一起的时候，对手的身体僵直了一秒。此时速度就成为施展正面掬投的关键因素。

力量（8/10）

令人意想不到的是，施展此技术时把对手抬离地面阶段，只需要很小的力量，更多的力量消耗其实是用在抱起对方之前将其拉近自己身体的那一个阶段。因为你需要在对手面前降低自身重心，再把他拉到你双腿之间，此时你仅需要蹬直双腿就可以把对手带离地面。一旦对手凌空，将他的身体与你的身体重心（通常是肚脐下方）对齐（译者注：对手的身体重心与施展者的身体重心最好在一条中轴线上），然后把对方身体旋转90°就可以摔出了。当然，也常常见到将对手旋转270°再投出，甚至有旋转360°之后再让对手站回地面的表演。

精准度（6/10）

此项技术最重要的问题就是选择什么时机去尝试施展。交战双方必须靠得很近，重心（即胯部）几乎接触在一起。而且施展者的胯部应该低于对手的胯部，这样可以大大减少下一阶段所需的力量。

波比跳
提高全身爆发力

硬拉（第124页）
强化臀部肌群、股四头肌和斜方肌

站姿上提
强化斜方肌、三角肌、肱肌和肱桡肌

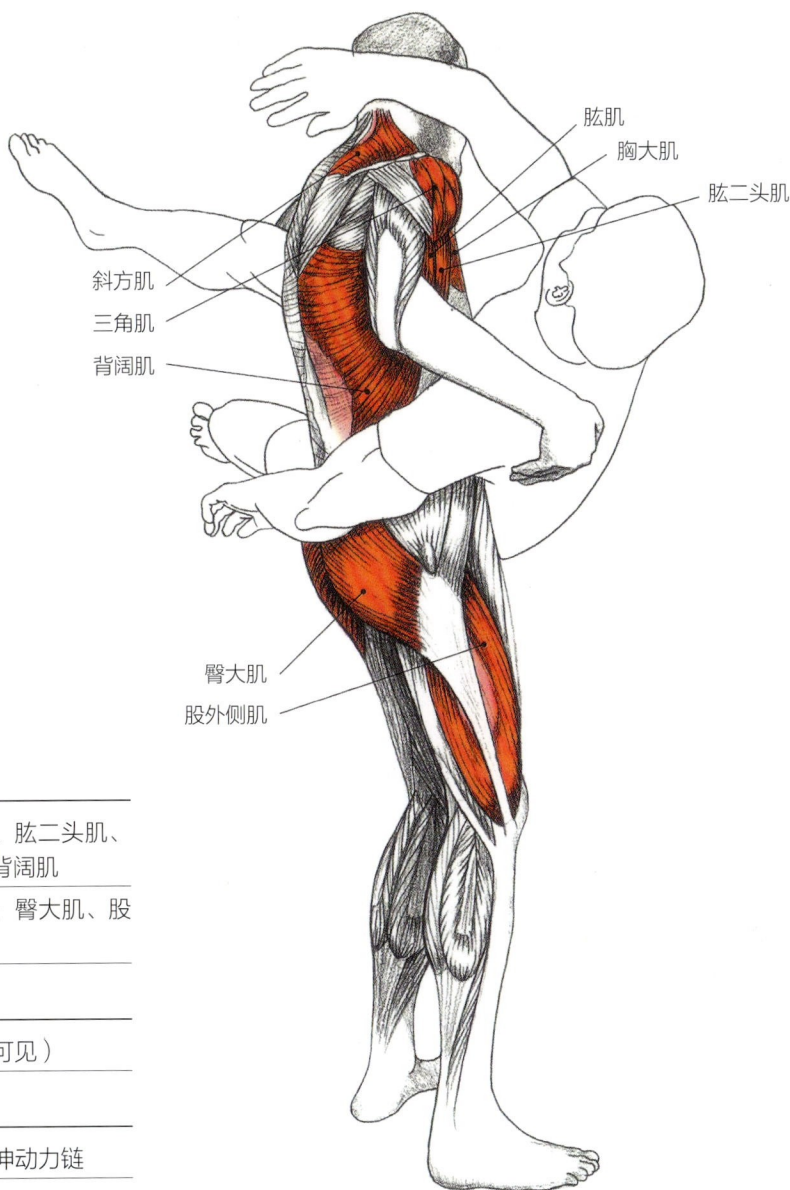

肱肌
胸大肌
肱二头肌

斜方肌
三角肌
背阔肌

臀大肌
股外侧肌

天键动态肌群

身体拉近：胸肌、肱二头肌、肱肌、三角肌、背阔肌

身体前冲与提起：臀大肌、股四头肌、斜方肌

天键静态肌群

腹直肌（图中不可见）

主要动力链

后侧动力链、腿伸动力链

宽距体前屈 + 肩部拉伸
拉伸腘绳肌、内收肌群与肩部

婴儿式
拉伸臀部、股四头肌、背部与肩部

注意

1　在试图将对手抱离地面的阶段，如果你的背部没有绷直，或者没有使用腿部力量而仅用背部力量去拉起对手的话，很可能对你的腰背部造成严重的损伤。

2　考虑到重心排列与重合在此技术中的重要性，请注意由于身体结构的不同，男性身体重心的平均高度会略高于女性。

肩车

此技术通常用在防御的情况下，而非进攻。肩车拥有两种基本准备姿态，分别为身前与身后。当然该技术本身也拥有数量庞大的变招变式，其中既包括站立式摔投，也包括使用膝着地的摔投技术。既有从身体侧面摔出的变式，也有越过施展者头部，让对手身体从后向前摔出的变式。有些变式是把对手从施展者肩部投出，有些变式则是以施展者腰臀部为支点将对手摔出。本书所展示的是身侧肩车，从施展者的肩部投出的经典技术。

速度（4/10）

此摔法的施展速度在某种程度上取决于对手进攻的速度和力量。对方进攻迅猛快速，则此摔法施展得也必须要快，这样才能与对手进攻时所产生的动量协调契合。

力量（7/10）

把对手扛离地面是此摔法中最需要力量的部分。可能你会质疑说，在契合了对手的进攻之后，借助对方进攻的力量，可以使这个阶段对力量的需求最小化。但不幸的是，这种双方动作与力量的完美契合往往是巧合，而不是常规出现，你必须做好加大力量才能把对方投出的准备，来抵消经常出现的时机缺陷。对于稍微瘦弱的习练者，把对手从腰臀部摔出会比从肩部投出更为实用。

精准度（8/10）

在施展此摔法时与对手进攻势头相契合是至关重要的，同时你必须选择一个与对手动作相融合的合适施展姿态，这一点在肩车摔投中尤为重要——一个错误的选择和尝试会把你的头颈部暴露给对手，遭到反击的风险很高。

关键训练动作

同伴深蹲（第125页）
强化股四头肌和臀大肌

战士2式（弹力带版）（第126页）
强化腿部肌群、臀部肌群、肩部肌群和肱三头肌；拉伸胸部肌群

侧边卷腹
强化腹斜肌

斜方肌
三角肌
肱三头肌
背阔肌
腹外斜肌
臀中肌
臀大肌
股外侧肌
腓肠肌
比目鱼肌

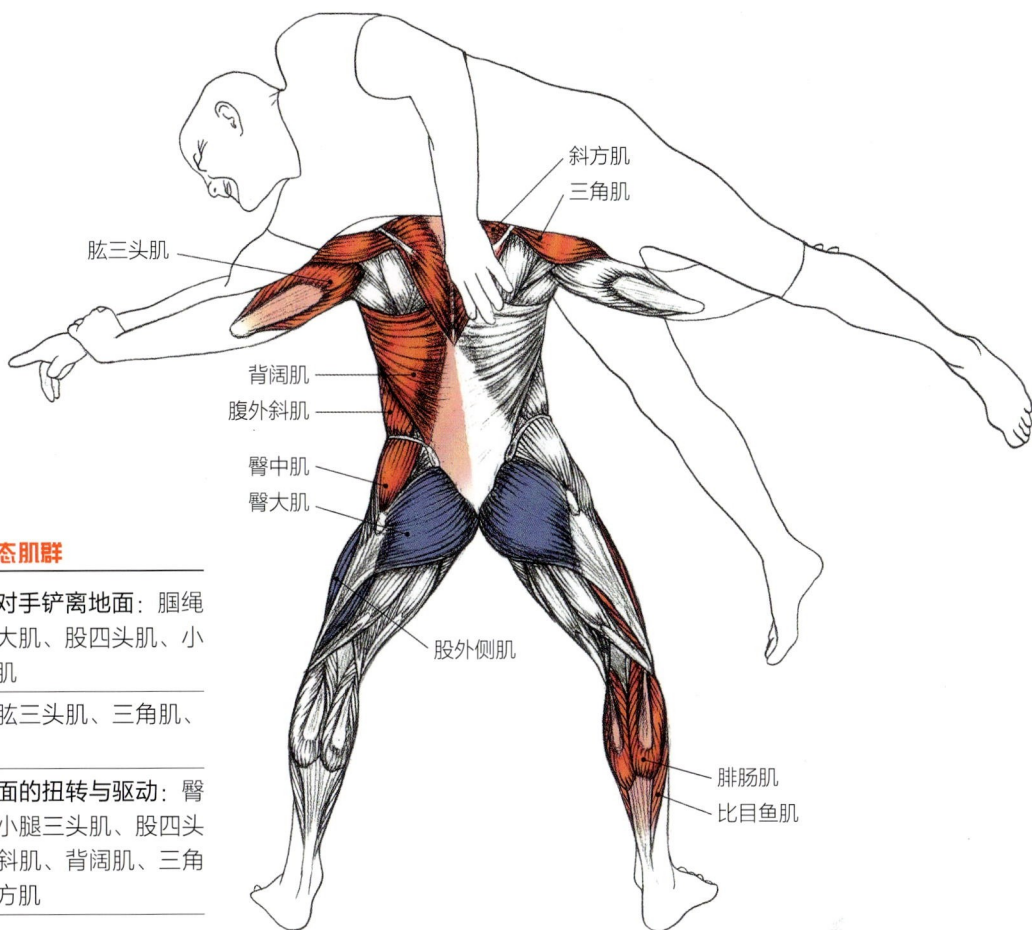

关键动态肌群

身体将对手铲离地面：腘绳肌、臀大肌、股四头肌、小腿三头肌

臂伸：肱三头肌、三角肌、斜方肌

身体侧面的扭转与驱动：臀中肌、小腿三头肌、股四头肌、腹斜肌、背阔肌、三角肌、斜方肌

关键静态肌群

腹直肌（图中不可见）、臀大肌、股四头肌

主要动力链

后侧动力链、腿伸动力链、臂伸动力链

立肘肩部拉伸
拉伸肩膀与肱三头肌

背后合掌
拉伸手腕与前臂

注意

1　三角肌只负责将施展者的手臂抬到水平位置；之后斜方肌在肩胛骨上旋时接手，继续将手臂抬高。这种三角肌与斜方肌交错编织的运动机制，是肩车进入准备姿态和摔投阶段的关键要领所在。

2　为了防止受伤，在施展此摔法的扛起对手阶段，不要圆背（译者注：保持背部挺直，核心收紧）。如果是身材相对瘦弱的习练者去摔体格较大的对练者时，最好用背部而不是肩膀来施展。

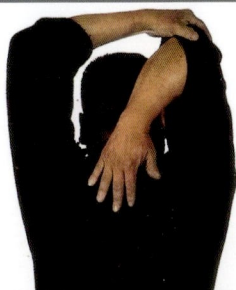

地面技

地面技指的是放倒对手之后，在地面上操作并控制对方的技术。虽然在地面上你可以施展多种多样的进攻技术（如砸拳、压痛点控制、绞技以及关节锁），但是本章中只选取了那些经典又基础的地面技。

在本章所展示的6种技巧中，有2种是用来放倒对手的技术，另外4种则是把对手牢牢地控制在地面之上的技术。这些技术都不需要很大力量就可以施展；相反，它们是通过转移体质量以及在关键压力点上施压来完成技术动作。

虽然正确地施展技术，对于控制更大、更强的对手来说有极大的帮助，但是请注意，当对练双方的体质量与力量差距越来越大时，能有效施展且实用的技术就变得越来越有限。在一些比赛竞技中，10%的体质量差异已经被划分为不同的级别了。实际上，对于体质量的使用也是一把双刃剑，正确使用体质量是一种优势，但是滥用体质量则会变成一种负担。

地面技

- 防守
- 袈裟固
- 侧骑乘式
- 起桥与虾行
- 抱单腿摔
- 抱双腿摔

防守

这种防守姿态通常用在被强大的对手逼入困境时，利用躯干的长度与强壮的核心肌肉来进行阻挡防御。用双腿控制住对手，这样就能空出双手来自由地进行防御或者进攻。

速度（2/10）

这个相对静止的姿态几乎不需要运动，因此对速度的需求也很低。然而，当你的对手试图逃脱或者进攻时，你需要快速反应，迅速施展某种可以配合防守姿态的独立的技术。例如，如果你的对手单臂前伸来抓你，你可以快速放弃防守姿态转而进行十字固。

力量（7/10）

力量主要由腿部以及躯干产生，用于控制对手手臂的攻击距离。通过拱起或扭转你的身体，你就可以施展出不同的攻击和防御技术。因此以本技术为基础，可施展出数量庞大的后续反击动作与变招。

精准度（5/10）

防御技术的静态属性会随着对手的动作而迅速变化。例如，你的对手可能会前倾身体来对你进行砸击，或者扭转身体试图逃脱；你所施展的反击技术是否精确将决定对手的动作能否成功。

关键训练动作

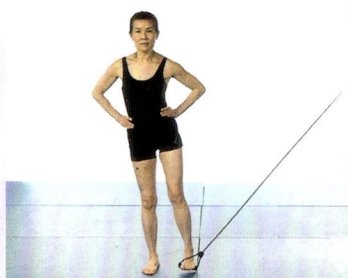

弹力带腿内收
强化腿部内收肌群

仰卧抬腿下压（第125页）
提高核心肌群力量

两头起
提高核心肌群力量

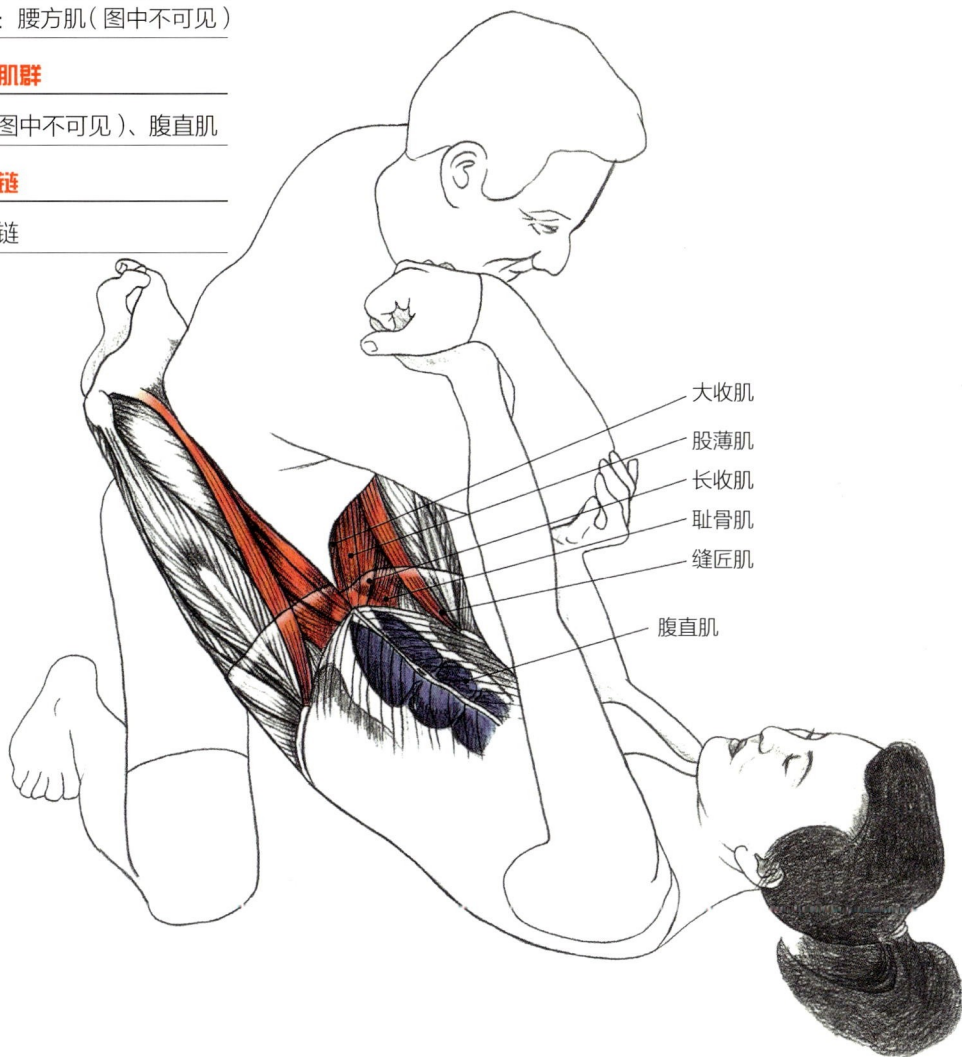

天键动态肌群

腿部缠绕和挤压：内收肌群、股薄肌、耻骨肌、缝匠肌

身体伸展：腰方肌（图中不可见）

天键静态肌群

臀中肌（图中不可见）、腹直肌

主要动力链

后侧动力链

大收肌
股薄肌
长收肌
耻骨肌
缝匠肌
腹直肌

蝶式拉伸
伸展内收肌群

反弓式
伸展身体

注意

1 近年来，防守技术一直是教学中广受欢迎的地面技，因为此技术可以与多种技术进行对接，进而连续施展。当然，很多学习自卫防御课程的人会对此提出争议，他们觉得应该避免进入这种姿态，因为在这种状态下，腹股沟区域被暴露，很容易遭受攻击。

袈裟固

此技术是非常热门且有效的侧面固技，以此为基础，可以执行其他技术，比如十字固或者各种绞技。在各大比赛中此地面技被广泛使用，但是由于其有限的灵活性，以及面对体型较大的对手时所存在的局限性，其并不常出现在自卫防御课程之中。

速度（4/10）

在施展本技术时速度并不重要，除非是在对手试图逃跑时需要快速反应；尽早辨识出对手的企图可以有时间采取反制措施。

力量（8/10）

本技术的力量来自核心肌肉、体质量，还有腿部的驱动力。你的一侧胸部必须紧靠在对手胸口的一角；绷紧你的胸部肌肉将力量集中在尽可能小的区域。其他的关键因素如下。

头部锁： 锁紧对手的颈部和肩部，对于阻止其进一步动作至关重要。

手臂拉拽： 迅猛拉拽对方手臂可产生极大的张力，这样有助于阻碍接下来对手的运动。

腿部运动： 要保持双腿在一侧靠外的位置，远离对手能接触到的范围。当对手挣扎时，"像走路一样"移动腿部来帮助自己保持体质量始终施加在对手身上。

精准度（6/10）

有效完成袈裟固的关键要领之一就是，在施展时，确保从髋部到太阳神经丛的连线与对手身上的同位置的线呈直角。这就需要通过腿部运动来使这两条线到达合适的位置。

关键训练动作

单臂哑铃划船
强化斜方肌

二头弯举
强化肱二头肌

低位单侧支撑
提高核心肌群强度及稳定性

关键动态肌群

头部锁：三角肌、胸肌、肱二头肌（图中不可见）、肱桡肌（图中不可见）

手臂拉拽：斜方肌、三角肌

腿部运动：股四头肌、腘绳肌（图中不可见）、小腿三头肌

关键静态肌群

腹肌、胸锁乳突肌

主要动力链

无

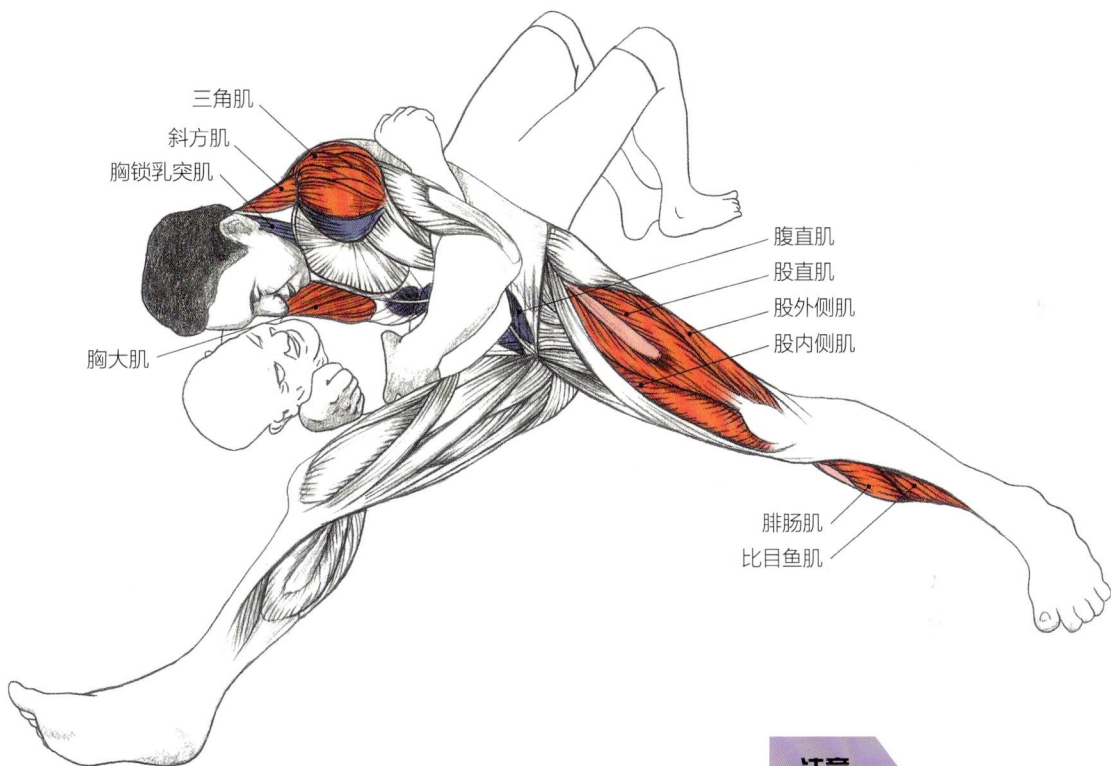

三角肌
斜方肌
胸锁乳突肌
胸大肌

腹直肌
股直肌
股外侧肌
股内侧肌

腓肠肌
比目鱼肌

蝗虫式
拉伸及强化背部肌群

仰卧扭转
提高脊柱灵活性

注意

1　虽然袈裟固可以相对稳定地控制对手，但是在某些姿态下，也经常见到对手与习练者僵持与挣扎，进而施展者不得不放弃袈裟固，转而进行其他固技，比如转变成侧面或上位的骑乘式。

2　环绕着对手脖颈的手臂（如图所示，右臂）可以利用前臂的刃面（桡骨侧）对对手后颈处进行锯切攻击。这是令对手保持痛苦与不适的一个关键技术要领。要做到此招有效，拥有强大的肱桡肌必不可少，平时可以通过抗阻训练来强化肱桡肌，比如锤式弯举。

侧骑乘式

侧骑乘式是一个相当坚固的锁定与控制姿态。同时，此技术也可以很灵活，可以让你轻松快速地从一个位置过渡到另一个位置，以补救对手试图逃跑时进行的体质量转移和身体扭曲。

速度（2/10）

此地面技是相对静止的姿态，因为除了回应对手的运动之外，几乎不需要做任何动作。虽然这些回应需要够快才能达到效果，但是侧骑乘式需要肌肉的持续张力和调整重心保持平衡的能力。

力量（6/10）

随着对手的身体移动来改变身体的重心与体质量施加位置，就产生了此技术所需要的大部分力量。当你把体质量迅猛地施加在对手身体的关键位置（如胸口或胯部）时，再绷紧你的肌肉，就可以把对手牢牢地压在地面之上并且保持对其的控制。弓起你的背，加紧手部的缠抱，使用双脚踩地发力，使你的身体贴紧对手，有助于保持你施加在对手身上的体质量和张力。

精准度（8/10）

保持平衡的体质量分布，以及移动你的重心来回应对手的身体运动变化，是确保此技术可以精准施展且持续有效的关键因素。

俯身登山
提高下半身力量

身体拉拽（第124页）
强化斜方肌、背阔肌和股四头肌

高位盘旋（第124页）
强化手臂及核心肌群；提高敏捷性

关键动态肌群

手臂拉近：斜方肌、背阔肌、肱二头肌、肱肌

髋部伸展：臀大肌

腿部驱动：股四头肌、小腿三头肌

关键静态肌群

三角肌

主要动力链

后侧动力链、身侧动力链

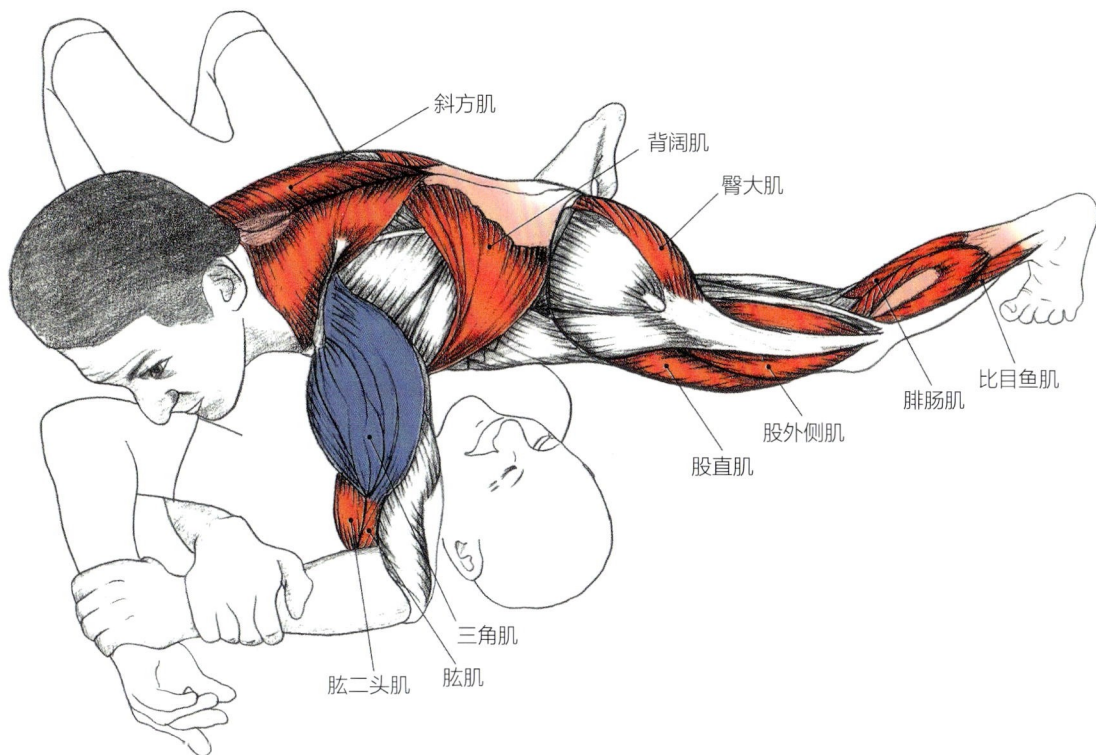

斜方肌

背阔肌

臀大肌

比目鱼肌

腓肠肌

股外侧肌

股直肌

三角肌

肱二头肌 肱肌

婴儿式
拉伸臀部、股四头肌、背部与肩部

眼镜蛇式
拉伸胸部、肩膀和腹肌

注意

1 对于是否需要将腿部也紧贴对手的问题，存在一些争议。把一条腿或双腿都压上来确实可以更有力地固定住对手，但是有些人认为，这样的姿态会让腹股沟更接近对手，因此更容易遭受到攻击。

2 虽然超过90%的肩关节脱位是向前和向下，但如上图所示的四字臂锁（译者注：又称"四型手臂固"）会非常剧烈地把肩关节向前和向上扭转。如果不小心，很可能造成这个方向的肩关节脱位。

起桥与虾行

这是一个用于逃脱的组合技，主要应用于当你仰卧在地上，对手坐在你腹部或者髋部的时候。通过髋部上顶起桥，你可以创造出一个足够扭转身体并窜出（形象地称为"虾跳"）的空间来脱离对手的掌控。

速度（5/10）

速度在此技术中很重要，但这一特点往往被施展的时机所掩盖。虽然快速起桥对于把对手体质量弹开非常重要，但是随后的虾行动作施展的速度才是能否成功逃脱的关键。

力量（8/10）

本技术主要的爆发力应用在起桥阶段，一个向着上方的骨盆冲顶可以扰乱对手施加在你身上的体质量。当你双手顺着对手的冲劲，将其向你的头顶上方猛推时，你就可以开始虾行动作了。紧接着你就要迅速扭胯（译者注：为虾行动作提供腿部运动空间）。

精准度（6/10）

髋部产生的推力、手臂的伸展与身体的扭转必须相当协调而且要施展精确得当，否则逃脱将会失败，而且你会发现，你所处的位置可能比没施展此技术之前更糟糕。

低位盘旋（第125页）
强化手臂及核心肌群；提高敏捷性

杠铃／哑铃上拉
强化胸肌、肱三头肌、背阔肌

单腿臀桥 + 臀推（第125页）
增强骨盆推力；拉伸胸部和肩膀

关键动态肌群

骨盆冲顶：股四头肌、臀大肌

手臂偏转与扭曲：三角肌、肱三头肌、肘肌、前锯肌

虾行扭转：腹外斜肌（图中不可见）、小腿三头肌、背阔肌（图中不可见）、胸肌

关键静态肌群

腹直肌、胸肌

主要动力链

后侧动力链、髋转动力链、肩转动力链

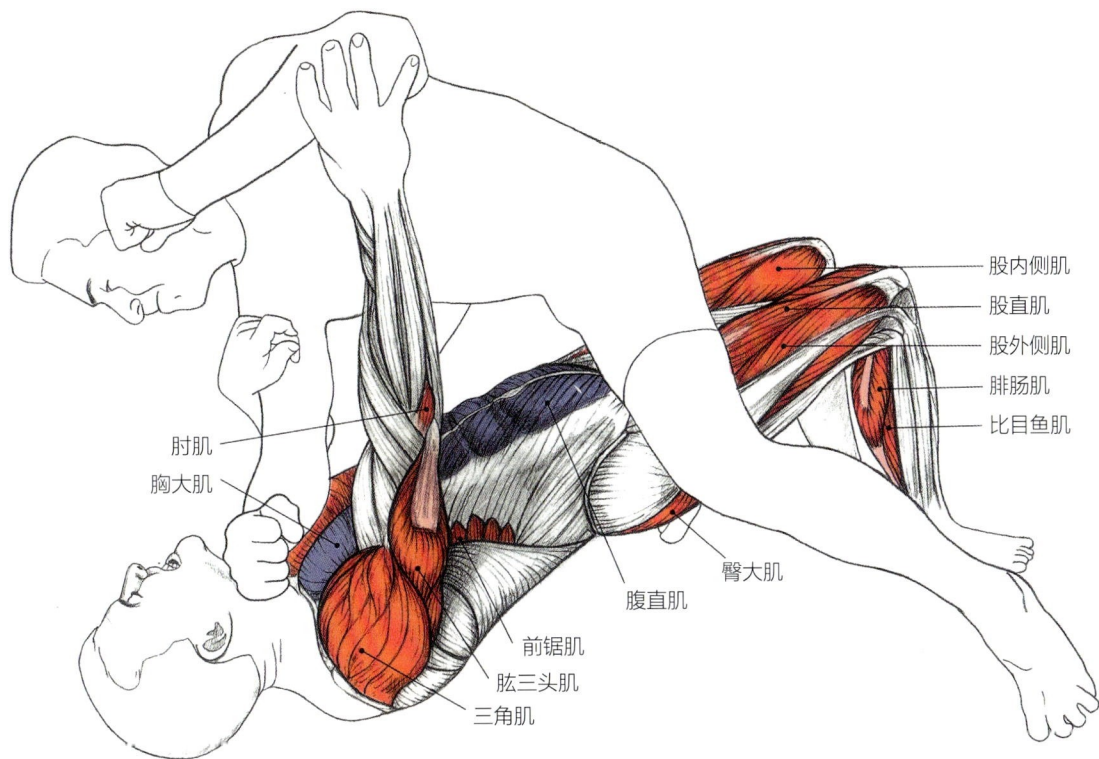

肘肌
胸大肌

三角肌
肱三头肌
前锯肌
腹直肌
臀大肌

股内侧肌
股直肌
股外侧肌
腓肠肌
比目鱼肌

犁式
拉伸肩膀与脊柱

仰卧扭转
提高脊柱灵活性

注意

1　虽然腹直肌在上面的列表中被归纳为静态肌群，但实际上，虾行运动阶段腹直肌却是参与运动的重要动态肌群。

2　当你推开对手时，你的手臂与自身胸部的夹角决定了你会用到胸肌的哪一部分。通常下胸是最为强壮的部分，当你向下朝着自己的髋部方向推动时，下胸就会被激活参与发力。利用起桥把髋部顶离地面（如图所示）有助于你获得产生最大推力的角度。

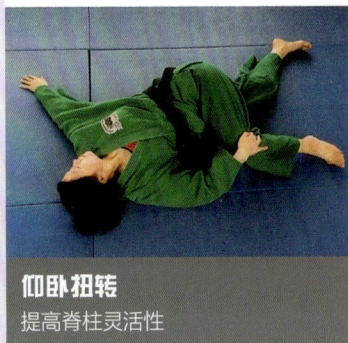

抱单腿摔

此技术通常是在教习练者如何从地面放倒一个站立的对手，但是这项技术也可以站着使用。此招对于对手来说是很危险的，因为此技术从膝盖外侧发起攻击，从外侧向着身体中线发力，这就很有可能造成膝关节的严重损伤。因为是从身体侧面侵入，所以这项技术比起其他的放倒技术来说，能减少头面部遭受反击的风险。

速度（8/10）

鉴于此招式很容易被反击或者逃脱，速度在本技术中还是很重要的。距离你的对手更近（如已经趴伏在对手脚边）会让此技术更容易施展出来。站立姿势施展此招需要在下潜之前进行佯攻；从站立姿态入侵至抱腿摔非常危险，所以练习的时候需要非常小心。

力量（6/10）

本技术的力量是由施展者对侧腿或外侧腿蹬地产生的推力与身体伸展产生。这个驱动力贯穿身体，沿着腿外侧延伸至对侧肩膀（译者注：如图所示，抱住对手右腿，施展者的发力动力链则是从左脚到右肩）。

精准度（8/10）

你需要把推手置于前位的膝盖（承受更多重心的那一条腿），从外侧向内侧推。驱动力在向内的同时还需要向下，这样被抱住的腿就不能轻易逃脱了。你与对手腿部的接触与发力点应位于膝盖的外侧缘，或略低于外侧缘。虽然在传授这一招式的时候，有些人会要求从对手膝盖正前方发起攻击，但是那个角度需要更大的力量，因此很难成功施展。

关键训练动作

蛙跳 + 爬行（第125页）
提高下半身爆发力和上半身力量；提高身体敏捷性

俯身翻山
提高下半身力量

弹力带坐姿划船
强化斜方肌、背阔肌和三角肌

关键动态肌群

手臂运动：肱二头肌（图中不可见）、三角肌后束、背阔肌、胸肌（图中不可见）

身体驱动：臀大肌、股四头肌（图中不可见）、小腿三头肌

关键静态肌群

斜方肌、三角肌、腹直肌（图中不可见）

主要动力链

后侧动力链、腿伸动力链

三角肌中束
三角肌后束
斜方肌
背阔肌
臀大肌
腓肠肌
比目鱼肌

跪姿弓步
伸展髋屈肌和股四头肌

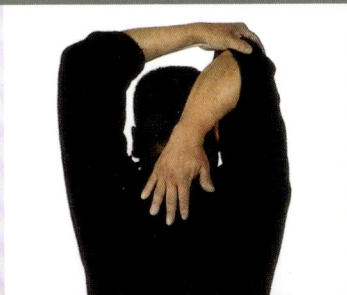

立肘肩部拉伸
拉伸肩膀与肱三头肌

注意

1 此技术的一个较困难的方面就是将你的肩膀外侧（如图所示，右肩）紧贴于对手膝盖外侧以不被踢中面部。这就需要你把外侧手（如图所示，左手）压在他的足部，并且右手从后面抱住对手的腿，通过这样的要领来引导膝盖就位。请注意不要让肩膀抵住对手膝部滑落至用颈根部抵住对手膝盖（译者注：因为力线偏斜等原因），这个错误很容易造成颈部或者锁骨部分受伤。

抱双腿摔

本技术是放倒一名处于站立姿态的对手的有效方法，但此招对你和对手都是有风险的。一方面，在你进入施展姿态的过程中可能会遭到反击，这个反击范围覆盖从面部到大腿根的区域。另一方面，你的对手也有被举起然后摔在地上的风险。如果施展时从侧面进入摔投位，那么比起其他放倒类的技术来说，该技术可以更好地防止自身面部遭受反击。

速度（8/10）

速度在本技术中至关重要，因为这项技术在施展时，很容易被逃脱或遭到反击。因此在施展这项技术之前，要么出其不意地施展，要么就使用假动作进行伴攻来掩盖施展意图。

力量（6/10）

本技术的力量来自双腿蹬地产生的前推力与伸展身体时的发力。该驱动力贯穿施展者身体一路延伸到主导肩（译者注：扛起对手的那一侧肩部）。力量进入对手身体的力线，通常会导致以下3种结果之一：一是，向上的驱动力将对手抬离地面，在你站直的情况下将对手后背着地放倒；二是，向下的驱动力会将对手直接带倒在地上，然后你继续利用前冲的势头翻过（或越过）对手；三是，直线前冲附加你的体质量，会将对手猛地撞倒在地上。最后一种情况可能会很有效，但是也极度危险，所以练习时应该加倍小心。

精准度（8/10）

肩膀撞击对手腹部的动作必须与你伸手抓住其腿部的动作相吻合。虽然你施加在对方腿部的力量并不足以阻止其后退，但是依然会给对方的逃脱造成一定的阻碍，这就使得放倒成为可能。由于针对此技术的防御方法是面对施展者前冲时，对手向外张开双腿，并且后撤，这样就可以顺势把施展者按倒在地面上。因此，施展者要尽早抓住对手双腿，并且将其用力拉向自己来防止对手采取以上反制措施。

波比跳
提高全身爆发力

俯身登山
提高下半身力量

弹力带坐姿划船
强化斜方肌、背阔肌和三角肌

关键动态肌群

手臂运动：三角肌、肱二头肌（图中不可见）、背阔肌、大圆肌、胸肌（图中不可见）、斜方肌

身体驱动：臀大肌、股四头肌（图中不可见）、小腿三头肌

关键静态肌群

腹肌

主要动力链

后侧动力链、腿伸动力链

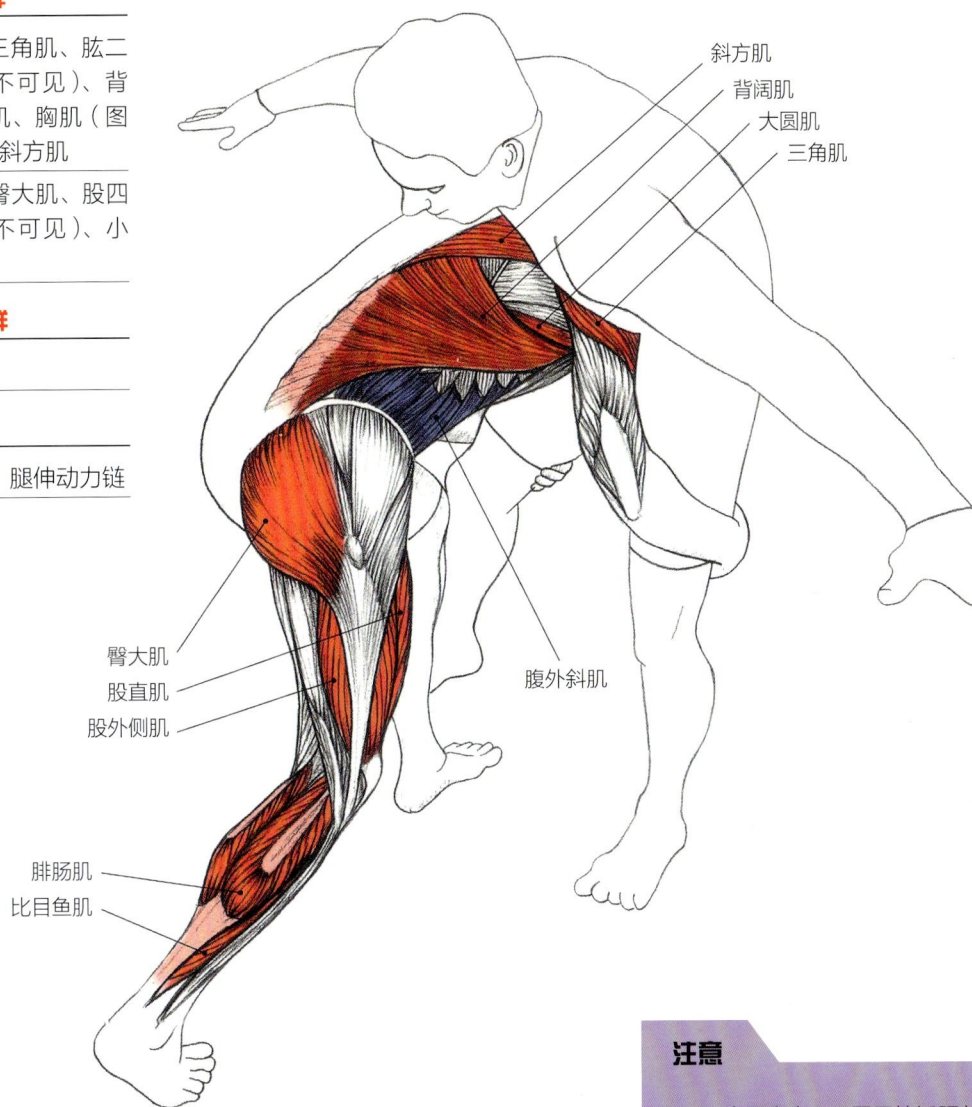

斜方肌
背阔肌
大圆肌
三角肌

臀大肌
股直肌
股外侧肌

腹外斜肌

腓肠肌
比目鱼肌

硬拉（第124页）
强化臀部、股四头肌和斜方肌

跪姿弓步
伸展髋屈肌和股四头肌

注意

1　一定要小心，不要用接近颈部的那一段肩部来撞击对手，因为这样的话颈部与锁骨很容易受伤。

2　此技术还有几个颇具争议的变招。一个是使用头部来顶对手的腹部，这可能导致很严重的颈部损伤，因此要尽量避免这种施展方式；另一个就是把前腿放置在对手腿部的外侧，虽然这样可提高稳定性和发力感，但是这就丧失了面部与大腿根部遭受对方踢击时的防御力（不像把腿插入对手双腿之间那么安全，如图所示）。

翻滚与倒地技术

任何涉及摔投技术或有可能与地面接触的武术格斗技术中，翻滚与倒地技术对身体的保护作用，都是必须要提及的。例如，如果你在练习手腕技术（译者注：利用手腕的杠杆进行擒拿控制技术的简称）时，即使没有计划去进行摔投，有时这类技术富含的动能冲量也会使你意外地被迫摔倒在地上。

倒地技术有两大分类：硬着陆与软着陆。硬着陆需要手部或足部拍击在地面上，以此来分散身体着地时的冲量，这样就可以使身体及内部器官免受冲击。软着陆（有时称为"软翻滚"）不需要拍击地面，此技术在与地面接触时，可以很平滑地与冲击力相融。

学习在各种姿态与情况下进行翻滚和倒地是非常重要的。有人说过，如果你需要思考下一步该往哪里倒，这时再去施展什么技术都为时已晚。换句话说，当突然出现意料之外的需要倒地或者翻滚的情况时，你必须能够下意识地运用合理的技术来保护身体。这里包括一些基础要领，比如保持头部蜷缩收紧（译者注：耸肩缩头绷紧颈部同时收下颌），避免头部直接砸在地面。学会在受到冲击时进行气合（正确地发声喊），同时不要在摔倒时试图抓住自己，避免手臂或者肩部造成卡住或者扭断的情况。

翻滚与倒地技术

- 前滚翻
- 后滚翻
- 后倒
- 侧倒
- 正倒
- 空翻倒

前滚翻

前滚翻是武术格斗中倒地的基本动作之一。

速度（2/10）

速度通常由前滚动作来决定，因此很大程度上取决于你前冲的动量。比起直接落地翻滚，身体发力前冲的前滚翻通常会产生更多的动量（因此产生速度）；但是这种要领上的差异并不会导致整体技术发生重大变化。

力量（2/10）

在翻滚过程中要让身体保持球形需要的力量并不多，但需要不同的发力方式。想维持这种状态并不容易，例如当你被对手向前下方投出的时候。在这种情况下，你可能要用背部吸收身体与地面接触时产生的冲击力，并试着把这部分能量融入翻滚之中。在许多教学中，教练试图让习练者在翻滚的最后进入站立姿态，但是如果翻滚时具有太多前冲的势头，那么你很可能需要在站起来之前进行一个二次翻滚。如果前冲动量太少，那么你可能需要很努力地屈膝内收小腿，然后再接一个前弓步才能站起来。

精准度（6/10）

让身体保持球形是在翻滚中避免受伤的关键，特别是在坚硬的地面上翻滚时。这种身体的球形状态要求整个身体的静态肌群处于良好的紧绷状态。同样重要的是要保护好头部和颈部，这可以通过协调地内收下颌与轻微转动头部来实现。

T 字对脚触碰（第 125 页）
发展身体平衡能力；强化腿部肌群与核心肌群

臀屈伸
强化肱三头肌

倒立俯卧撑（第 124 页）
增强身体平衡性与核心肌群及上半身力量

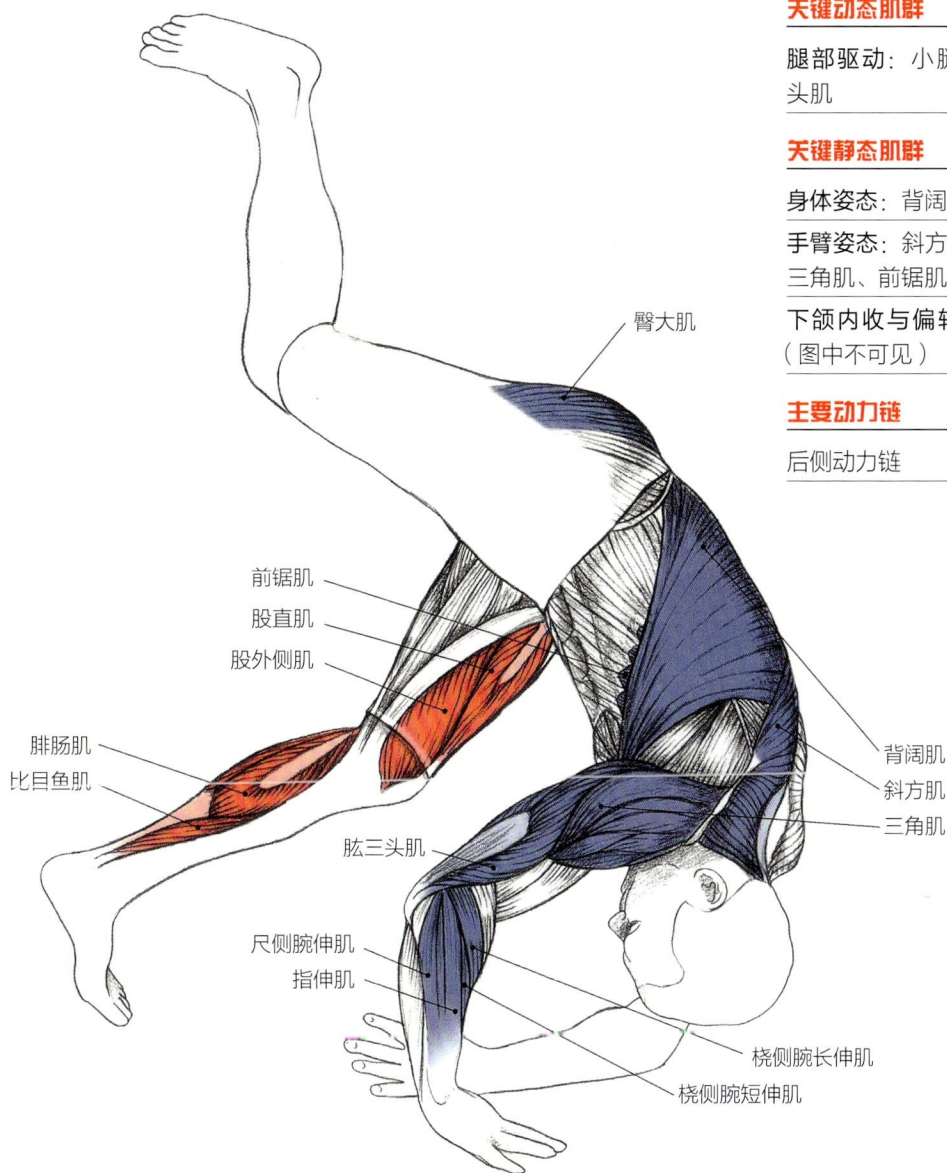

臀大肌

前锯肌
股直肌
股外侧肌

腓肠肌
比目鱼肌

肱三头肌

尺侧腕伸肌
指伸肌

背阔肌
斜方肌
三角肌

桡侧腕长伸肌
桡侧腕短伸肌

关键动态肌群

腿部驱动：小腿三头肌、股四头肌

关键静态肌群

身体姿态：背阔肌、臀大肌

手臂姿态：斜方肌、肱三头肌、三角肌、前锯肌、腕伸肌

下颌内收与偏转：胸锁乳突肌（图中不可见）

主要动力链

后侧动力链

注意

1　初学者在练习前滚翻时最大的问题之一就是：转移体质量至手臂时，手臂会因为绷不住而松掉。这就造成了翻滚时身体球形的崩溃与动作平滑性的丧失，从而导致部分身体（通常是头部或肩部）遭受巨大的冲击力。

翻滚（第 125 页）
背部与髋部热身

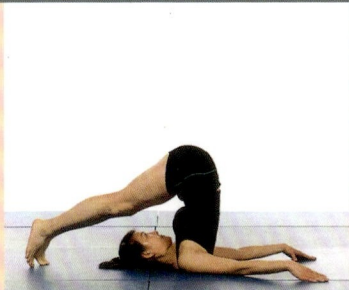

犁式
拉伸肩膀与脊柱

后滚翻

此种翻滚方式通常与前滚翻（第102页）一同传授，因为这两者有很多相似之处。

速度（2/10）

速度通常由后滚动作来决定，因此很大程度上取决于你前冲的动量。比起直接向后翻滚，身体蹬地发力后倒的翻滚通常会产生更多的动量（因此产生速度）；但是这种要领上的差异并不会导致整体技术发生重大变化。

力量（2/10）

在翻滚过程中要让身体保持球形需要的力量并不多，但需要不同的发力方式。想维持这种状态并不容易，比如你在施展下劈，但是腿在高位被抓住，然后被对手向后摔出时。在这种情况下，你可能要用背部吸收身体与地面接触时产生的冲击力，并试着把这部分能量融入翻滚之中。在许多教学中，教练试图让习练者在翻滚的最后进入站立姿态，但是如果翻滚时具有太多前冲的势头，那么你很可能需要在站起来之前进行一个二次翻滚。如果前冲动量太少，那么你可能需要用手臂猛推地面，主要利用肱三头肌和三角肌发力，才能站起来。

精准度（6/10）

让身体保持球形是在翻滚中避免受伤的关键，特别是在坚硬的地面上翻滚时。这种身体的球形状态要求全身的静态肌群拥有良好的肌张力。同样重要的是要保护好头部和颈部，这可以通过协调地内收下颌与轻微转动头部来实现。

关键训练动作

军推（译者注：哑铃推举）
强化三角肌、胸肌和肱三头肌

战士 1 式
强化下半身肌群；拉伸股四头肌和肩部

颈部扭转／拉伸
提高颈部灵活性

关键动态肌群

手臂驱动：三角肌

身体扭转与形成球形：腹直肌、腹斜肌（图中不可见）、髋屈肌、缝匠肌

关键静态肌群

身体球形：股四头肌

下颌内收与偏转：胸锁乳突肌

主要动力链

无

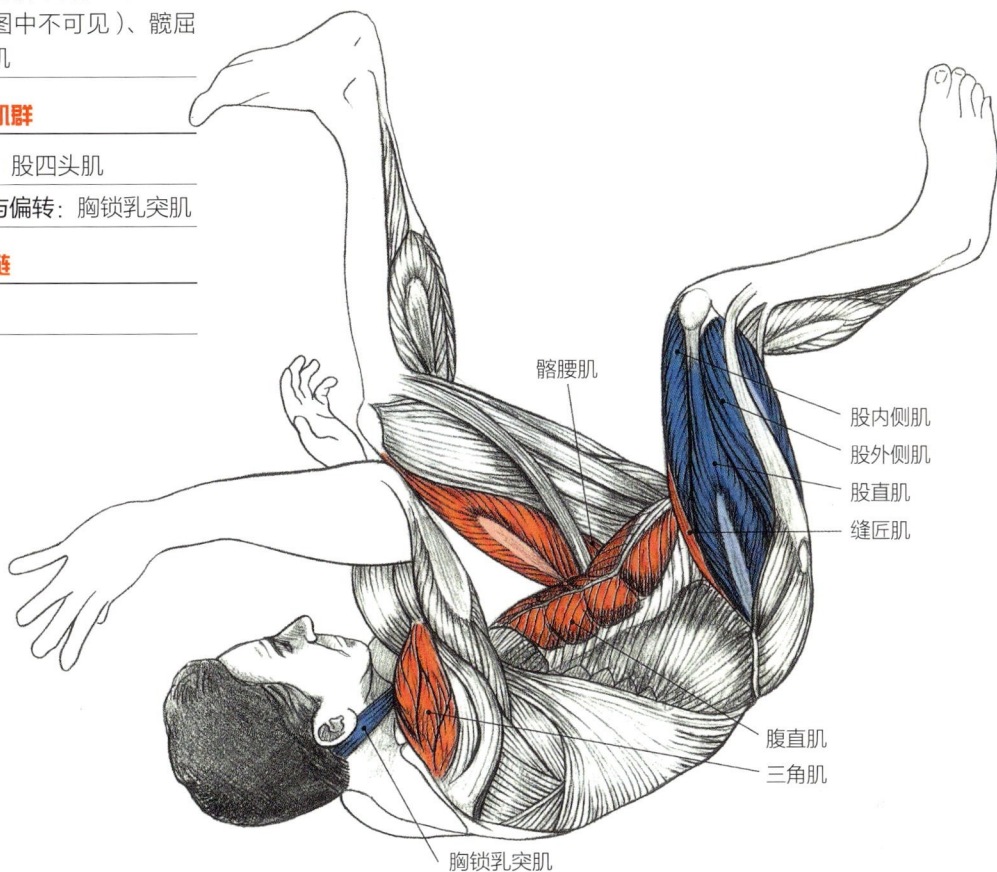

髂腰肌

股内侧肌
股外侧肌
股直肌
缝匠肌

腹直肌
三角肌

胸锁乳突肌

翻滚（第 125 页）
背部与髋部热身

犁式
拉伸肩膀与脊柱

注意

1　初学者在练习前滚翻时最大的问题之一就是：转移身体重心至手臂时，手臂会因为绷不住而松掉。尽管前滚翻与后滚翻有很多相似之处，但是在技术结尾时发力进入站立姿态的要领有很大不同。后滚翻，尤其是缓慢施展时，需要强有力的手臂推力才能站起来，而前滚翻需要的是腿部发力产生的推力。

后倒

后倒与侧倒（第108页）是武术格斗技术之中2种最基本的倒地技术。此技术使用双臂同时拍击地面，并加上小幅度的腿部伸展，就可以将后倒的冲击力重新分配在背部——保护重要的内脏器官以及脆弱的身体部位。

速度（8/10）

当身体在受到倒地冲击的瞬间，用手掌拍击地面的速度至关重要。一般来说，拍击速度越快，吸收的能量也就越多，倒地技术更有效。

力量（8/10）

手臂的拍击速度与力量直接影响着冲击力从重要器官转移出去的多少——拍击的力量越大，对身体内部器官的保护作用就越强。经典的后倒技术需要双手同时拍击地面。

精准度（8/10）

拍击的时机对于施展此技术时转移重要器官所承受的能量冲击极为重要。如果拍击得太晚，身体已经承受了全部的后倒冲击；如果拍击得太早，那么拍击所吸收冲击力的效率就很低。虽然拍击得过早比过晚要好一点，但总的来说，在身体遭受冲击的那一瞬间拍击地面是最优的选择。

关键训练动作

单臂哑铃划船
强化斜方肌

卷腹（双足离地）
强化核心肌群

猫／牛式拉伸
拉伸背部、胸部和颈部

关键动态肌群

手肘外旋锁定（图中未展示）：胸肌、三角肌前束

手臂拍击：斜方肌、三角肌后束、肱三头肌、肱桡肌、旋前肌（图中不可见）

身体屈曲：腹直肌

腿部伸展：股四头肌

关键静态肌群

胸肌、三角肌

主要动力链

后侧动力链、臂伸动力链

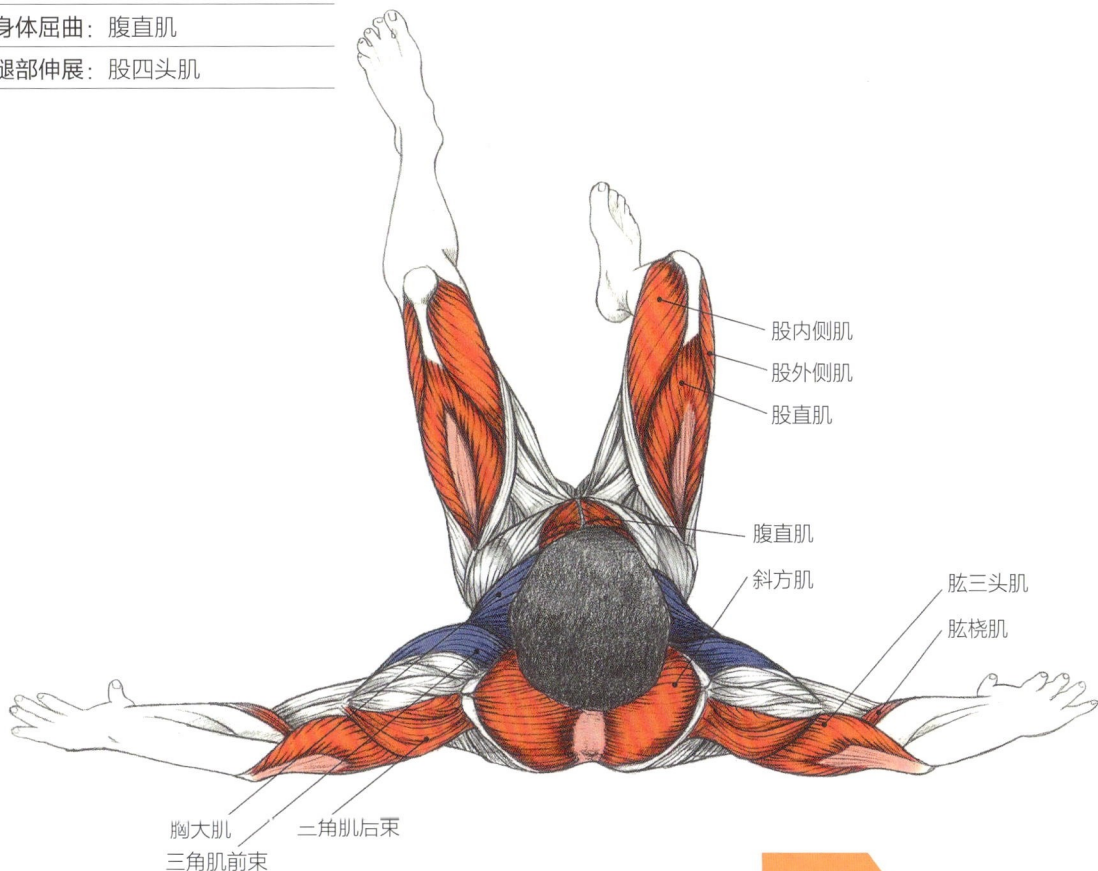

股内侧肌

股外侧肌

股直肌

腹直肌

斜方肌

肱三头肌

肱桡肌

胸大肌

三角肌后束

三角肌前束

蝗虫式
拉伸及强化背部肌群

手臂过胸拉伸
拉伸肩部

注意

1 对于此种类型的倒地技术来说，最重要的一点是下颌要收拢，以防止头部撞击到地面或者颈部遭受甩鞭样摔伤。

2 气合（发声）技术通常用于硬倒地技术中，以帮助协调绷紧身体肌肉，让空气从肺部排出，并收紧躯干肌肉，有助于减少在倒地时内脏遭受的挤压。

3 在撞击的瞬间，你的臀部与腿部应该高于地面，这样才能保护骨盆；腰部屈曲会延长冲击力矩（译者注：弯腰形成一定的弧度，在摔倒时滚动），这样冲击力可有更长的消散时间。

侧倒

侧倒与后倒（第106页）是武术格斗技术之中2种最基本的倒地技术。此技术强调在身体侧倒贴地时，引导该侧前臂与小腿拍击地面，将倒地的冲击力重新分配在体侧——以此保护重要的内脏器官以及脆弱的身体部位。

速度（6/10）

当身体在受到倒地冲击的瞬间，用手臂/腿拍击地面的速度至关重要。一般来说，拍击速度越快，吸收的能量也就越多，从而使倒地技术更有效。

力量（9/10）

手臂/腿的拍击速度与力量直接影响着冲击力从重要器官转移出去的多少——拍击的力量越大，对身体内部器官的保护作用就越强。经典的侧倒技术（有时指受身技）需要前臂与小腿同时拍击地面。但有时候你也只能使用其中之一进行拍击。例如，身体位置只允许小臂进行拍击。虽然说只用手臂拍击很危险，但是在没有其他选择的情况下，这也是必要的技术要领。

精准度（6/10）

拍击的时机对于施展此技术时转移重要器官所承受的能量冲击极为重要。如果拍击得太晚，身体已经承受了全部的侧倒冲击力；如果拍击得太早，那么拍击所吸收冲击力的效率就很低。虽然拍击得过早比过晚要好一点，但总的来说，在身体遭受冲击的那一瞬间拍击地面是最优的选择。

关键训练动作

单臂哑铃划船
强化斜方肌

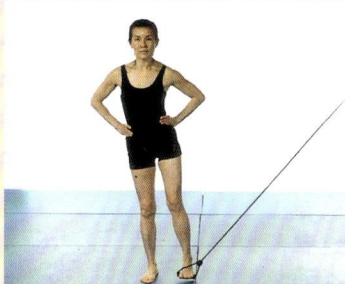

弹力带腿内收
强化内收肌群

侧边卷腹
强化腹斜肌

关键动态肌群

手肘内旋锁定（图中未展示）：胸肌、三角肌前束

腿部拍击：臀中肌、腹外斜肌

手臂拍击：斜方肌、三角肌后束、肱三头肌、旋前肌（图中不可见）

关键静态肌群

腹直肌、三角肌中束、股四头肌、缝匠肌

主要动力链

后侧动力链、臂伸动力链

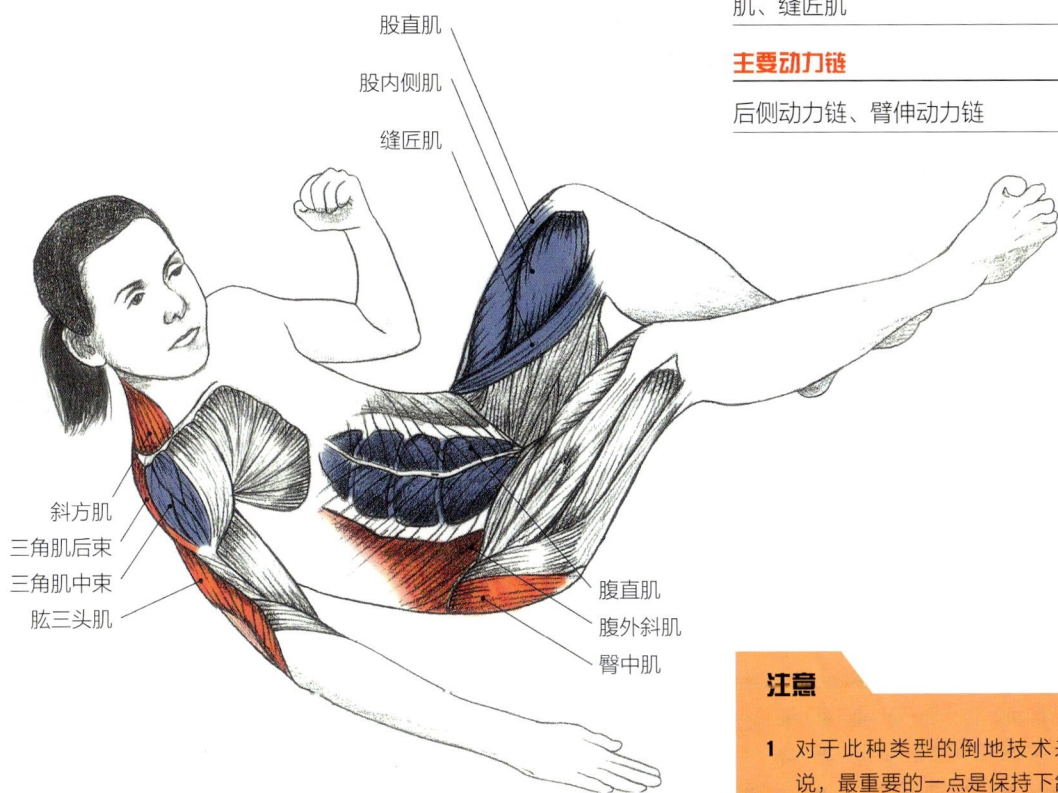

股直肌

股内侧肌

缝匠肌

斜方肌
三角肌后束
三角肌中束
肱三头肌

腹直肌
腹外斜肌
臀中肌

注意

1 对于此种类型的倒地技术来说，最重要的一点是保持下颌内收，以防止头部撞击到地面或者颈部遭受甩鞭样摔伤。

2 虽然腿部凌空状态时也会用脚掌拍击地面，但这部分分散的冲击力与使用前臂或小腿拍击地面分散的冲击力相比较小。凌空腿所处的位置非常重要，需防止膝盖内侧撞击在一起。

3 在撞击的瞬间，臀部与腿部应该高于地面，这样才能保护骨盆；腰部屈曲会延长冲击力矩（译者注：弯腰形成一定的弧度，在摔倒时滚动），这样冲击力可有更长的消散时间。

手臂过胸拉伸
拉伸肩部

鸽子式
拉伸臀部、股四头肌和腹股沟韧带

正倒

当你正向扑倒时，这种缓冲技术可以让你受到一定的保护。正倒技术可由以下两个方式来完成：直接倒地或者伴有跳跃的扑倒。

速度（4/10）

速度这一项在正倒技术中往往应该约束控制，而不是使其最大化。所以速度要控制在手臂拍击地面（如果跳跃，要加上腿部拍击）与身体撞击地面瞬时同步。也要仔细地考虑跳起与落地的时机安排。

力量（7/10）

起跳： 这个动作中包含两个要领：①腿部蹬地产生推动身体向上、向前的运动；②拉回手臂为拍击地面做准备。你必须平衡这两个动作，才能让你在正面倒下时保持落地动作平整（译者注：不会塌腰，因为腰椎受到冲击会造成损伤）。

着陆： 这个动作需要前臂（跳跃时加上脚掌）在落地时用力拍击地面。这一操作必须结合身体呈平板或者略微拱起的姿态，这样的情况下，你的手脚足够接近，就可以让髋部处于高于地面的预设位置，可很好地保护骨盆免受撞击。

精准度（8/10）

起跳： 时机选择上，需要把握向上的冲势与身体蜷缩的动作相配合，使其协调连续。

着陆： 倒在地面的一瞬间，用四肢进行犀利且迅猛的拍击，这对于保护重要器官至关重要。如果拍击得太晚，身体将承受倒地的冲击。如果拍击得太早，那么这个动作要领所吸收冲击力的效率就会降低。虽然拍击得早总比拍击得晚要好一些，但总的来说还是在撞击地面的一瞬间拍击是最好的。

关键训练动作

拍手俯卧撑（第124页）
提高上半身爆发力

哑铃飞鸟
强化胸肌

平板支撑
强化核心肌群与三角肌

关键动态肌群——跳跃（图中未展示）

腿部伸展：股四头肌、小腿三头肌

身体拱起：腹直肌

手臂准备：斜方肌

关键静态肌群

无

主要动力链

后侧动力链、腿伸动力链

关键动态肌群——着陆

手臂拍击：胸肌、三角肌前束（图中不可见）、肱三头肌、旋前肌（图中不可见）

足部拍击（需要起跳的情况下，图中未展示）：股四头肌、踝关节背屈肌

关键静态肌群

腹直肌、斜方肌、三角肌中束；（跳跃的情况下）臀大肌、股四头肌、小腿三头肌

主要动力链

臂伸动力链

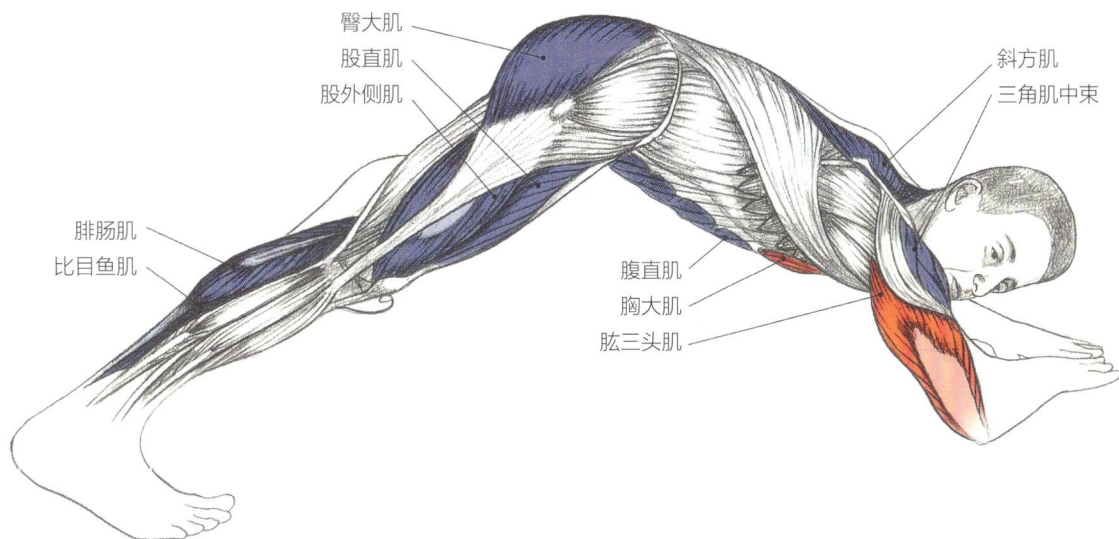

臀大肌
股直肌
股外侧肌

腓肠肌
比目鱼肌

斜方肌
三角肌中束

腹直肌
胸大肌
肱三头肌

下犬式
强化手臂与腿部肌群；拉伸肩膀、背部和腘绳肌

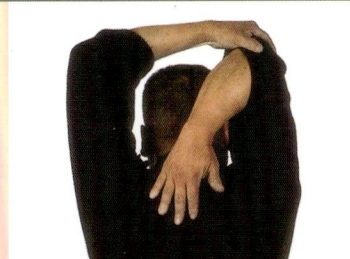

立肘肩部拉伸
拉伸肩膀与肱三头肌

注意

1 前动力链由身体前部肌肉组成，从腿部的股四头肌，一直延伸到胸部的胸肌。保持这条动力链的合适的肌张力对于施展此技术来说至关重要。

空翻倒

空翻倒作为练习技术时，结合了跳跃、3/4翻转（译者注：空中翻转270°）以及侧倒落地。这是一项非常值得学习的倒地技术，因为此技术往往是多个系列技术的后续动作，从手腕摔投到使用拐杖等器械的摔技都需要用此招式来收尾。此项技术分为两个部分：起跳和着陆。

速度（7/10）

总的来说，速度这一要素在空翻倒技术中往往受到约束与控制，而不是将其最大化。**起跳：**跳跃的高度与旋转速度必须达到某一特定值，这样你才能做到身体翻转3/4周后正好侧面落地。**着陆：**速度要达到在落地瞬间手臂与腿部可以同时拍击地面。

力量（5/10）

起跳：这个动作中包含两个要领：①支撑腿蹬地产生向上的推力，推动身体到达一定的高度；②用处于最高位置的腿施展一个用力的足跟踢，产生一个使你身体向前翻转的冲量。你必须平衡这两个动作，才能在身体侧面落地时保持动作平整（译者注：不会腰部提前着地而造成腰椎及骨盆损伤）。**着陆：**这其实是一个侧倒动作，需要落地侧的前臂和小腿同时用力拍击地面。此技术与侧倒技术唯一的区别是，侧倒技术可以向后或者向前旋转施展，但是空翻倒只能向前翻转。

精准度（8/10）

起跳：时机选择上，需要把握向上的冲势与足跟后踢的旋转动作相配合，使其协调连续。**着陆：**倒在地面的瞬间迅猛地拍击，对于保护重要器官至关重要。如果拍击得太晚，身体将承受倒地的冲击。如果拍得早，那么这个动作要领所吸收冲击力的效率就会降低。虽然拍击得早总比拍得晚要好一些，但总的来说还是在撞击地面的一瞬间拍击是最好的。

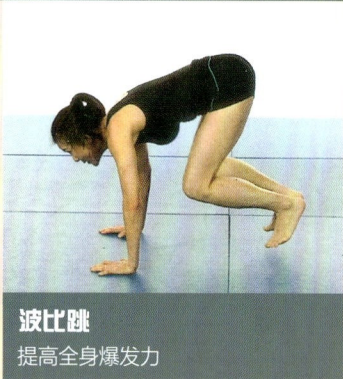

波比跳
提高全身爆发力

单腿跳跃
提高下半身爆发力

单臂哑铃划船
强化斜方肌

关键动态肌群——跳跃

支撑腿部伸展：股四头肌、小腿三头肌

凌空腿足跟踢：臀大肌、腘绳肌

身体蜷缩：腹直肌

主要动力链

后侧动力链、腿伸动力链

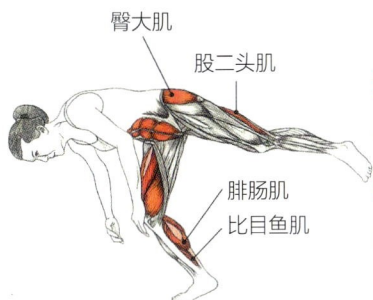

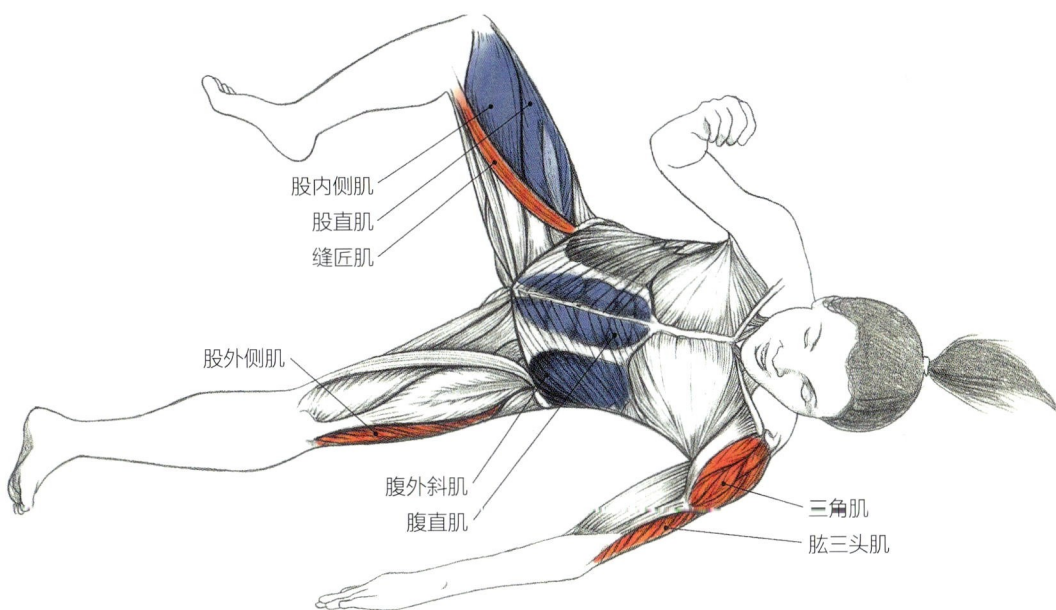

关键动态肌群——着陆

腿部拍击：臀中肌（图中不可见）、股外侧肌

双腿分开：缝匠肌

手肘内旋锁定（图中未展示）：胸肌、三角肌

手臂拍击：三角肌、肱三头肌、旋前肌（图中不可见）

关键静态肌群

腹肌、股四头肌

主要动力链

后侧动力链、臂伸动力链

臀大肌
股二头肌
腓肠肌
比目鱼肌

股内侧肌
股直肌
缝匠肌
股外侧肌
腹外斜肌
腹直肌
三角肌
肱三头肌

手臂过胸拉伸
拉伸肩部

坐姿转体
提高脊柱灵活性

注意

1　缝匠肌在此技术中被定义为一种动态肌肉，因为需要用其将处于高处的腿的膝盖上拉，来远离低位腿的膝盖，防止它们在落地时发生撞击造成损伤。

武器技术

在武术格斗中，关于武器的使用方式与类型多种多样。比如剑道这类技艺会使用其专用兵器。其他武术形式则更多地考虑如何防御各式各样兵器的袭击。最后，一些武术流派还会教授你如何在进攻或防御中使用多种武器。无论武器如何使用，都会极大地增加你的攻击（防御）范围、速度和力量。

本章着重介绍4种武器：竹剑、手杖、丁字棍（T型棍）和短棍。所有这些武器都能被用来攻击对手，但是攻击方式各不相同。对于竹剑来说，几乎全部身体都参与了攻击，而其他3种武器则是专注于使用身体的一部分施展攻击动作。这些武器都可以用来防御来袭的攻击。

武器技术

- 竹剑攻击
- 手杖刺击
- 丁字棍刺击
- 短棍攻击

竹剑攻击

武术格斗中最精致优雅的动作之一，经典的攻击方式是用竹剑击中对方的头部，这需要速度、力量和精准度的相互结合。这项技术完美地诠释了施展技术时肌肉放松的概念，这样才能让其向前驱动身体，紧接着作用动态肌群给身体加速，最后绷紧这些肌群，驱动它们给出有力的一击。

速度（7/10）

速度借由甩鞭样动作产生，此技术从后脚开始驱动，向上延伸直到持剑手腕挥出斩击结束，整个动作要连贯一致，整齐划一。步伐、手臂挥动和伸展协调配合，最后结合手腕的快速发力（译者注：类似拍击的脆劲），决定了这一击的最终速度。胸部、背部、肩部肌群在手臂向前挥斩时的协同配合非常复杂，多年来研究者一直试图从各个方面弄清这一动作的运动原理。

力量（8/10）

手臂伸展挥动、手腕斩击和足下步伐，最终为这一击提供了压倒性的力量。产生攻击力的关键因素如下。

击打时的手臂内旋： 在击中的一瞬间，剑柄往往会上抬（译者注：击中目标的反作用力造成剑柄前段上跳），所以握剑手必须在击中的瞬间下移内旋，这样才能保证双手可以稳定地盖在剑柄上，并避免（译者注：因为竹剑被对手头部弹起）大部分攻击力损失。

手臂挥斩： 初学者往往倾向于将挥剑手臂拉向怀中，试图增加击打的力度，但这一切努力是徒劳的。这一击的真实力量来源于把剑当鞭子一样甩出，这需要手臂在击打瞬间充分伸展。

精准度（10/10）

这一击的目标是对手圆形头盔的顶部，这是非常难集中的部位。只有施展一次完美的击打，才能让攻击力彻底传导到对手的护具上。经常听习练者说起被十分完美的一击狠狠斩中头盔，使其直接倒地，甚至擦伤了后脚跟。

关键训练动作

战士 1 式
强化下半身肌群；拉伸股四头肌和肩部

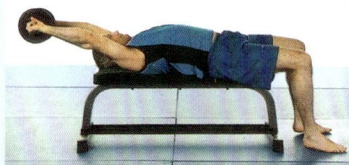

杠铃 / 哑铃上拉
强化胸肌、肱三头肌、背阔肌

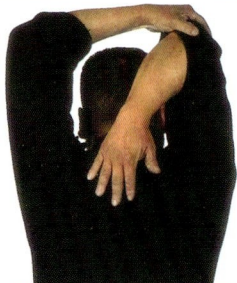

立肘肩部拉伸
拉伸肩膀与肱三头肌

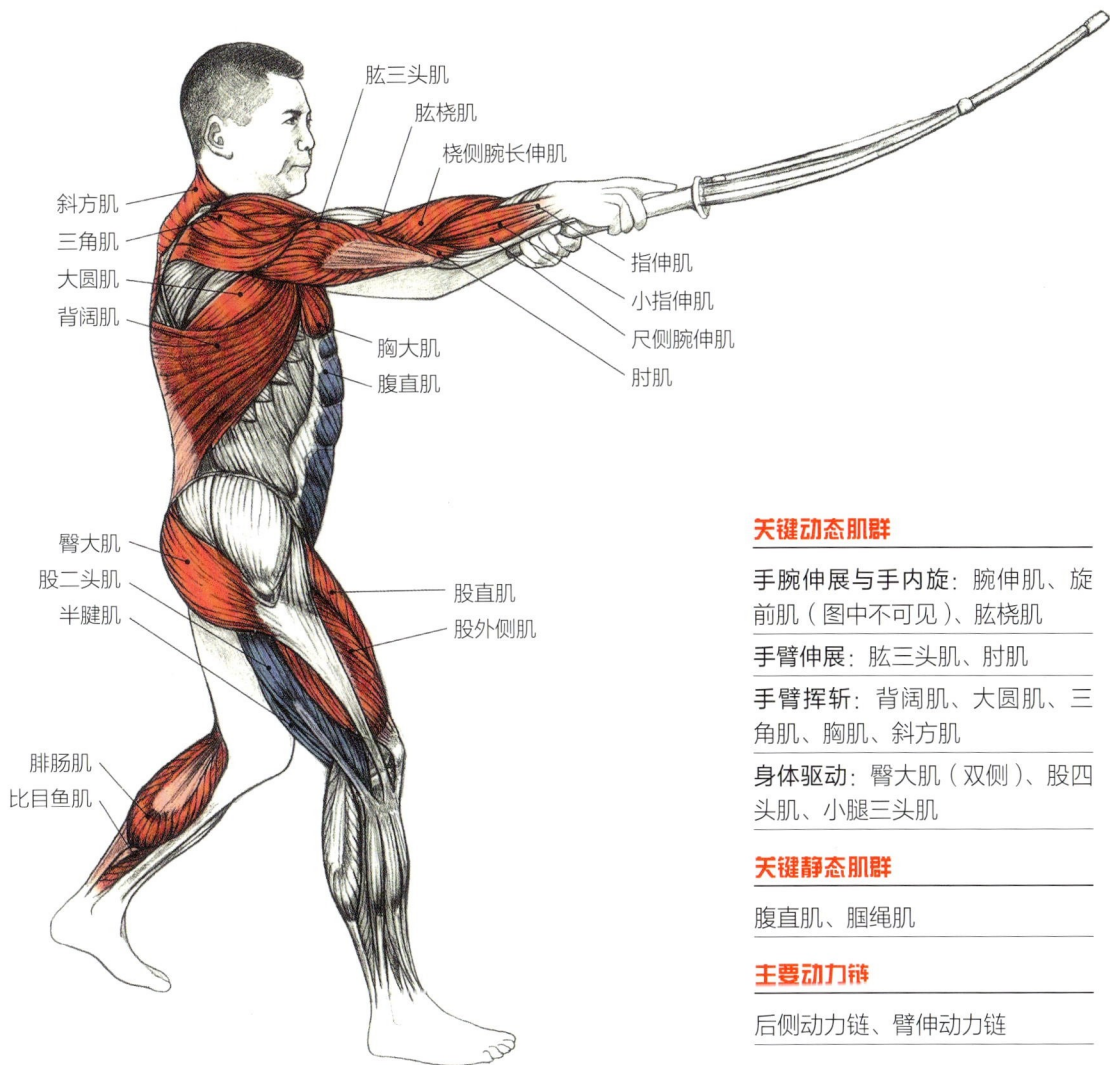

肱三头肌
肱桡肌
桡侧腕长伸肌
斜方肌
三角肌
大圆肌
背阔肌
指伸肌
小指伸肌
尺侧腕伸肌
肘肌
胸大肌
腹直肌
臀大肌
股二头肌
半腱肌
股直肌
股外侧肌
腓肠肌
比目鱼肌

关键动态肌群

手腕伸展与手内旋：腕伸肌、旋前肌（图中不可见）、肱桡肌

手臂伸展：肱三头肌、肘肌

手臂挥斩：背阔肌、大圆肌、三角肌、胸肌、斜方肌

身体驱动：臀大肌（双侧）、股四头肌、小腿三头肌

关键静态肌群

腹直肌、腘绳肌

主要动力链

后侧动力链、臂伸动力链

宽距体前屈
拉伸腘绳肌及内收肌群

跪姿前臂伸展
拉伸手腕与前臂

注意

1. 双手内旋不仅是为了增加这一击的击打力度，更是为了防止拇指受到击打瞬间剑柄回跳的冲击。初学者经常会忘记双手内旋，这样就会使他们的拇指遭受严重的损伤。

2. 剑道习练者们努力追求用"气、剑、合、一"来施展这一击，其蕴意是"精神、剑、肉体深深契合于一"。

手杖刺击

与手杖的其他实战技术相比，刺击并不是最具攻击力的，也不是最快速的击打方式。但是由于击打面积小（用杖底部位），所以往往难以阻挡，且会造成严重的局部伤害。攻击目标通常选择胃部、面部或喉咙处。

速度（5/10）

手臂向前的推刺动作产生了此技术的绝大部分速度，这通常需要驱动动力链的末端，例如从后脚蹬地开始发力，同时要求手杖尽量与地面平行，并且以直线刺出。如果手杖在运动过程中开始偏上，那么这种弧线运动轨迹将会错过预先设定的攻击目标。

力量（4/10）

手臂的前推力量决定了这一击的击打力度，但是这种力量往往很难顺利传导。产生力量的关键因素如下。

前臂对齐： 在刺中目标时，手掌的轴必须与前臂精准对齐，保持一条直线。如果出现失误，会造成手腕屈曲，同时会失去绝大部分击打效果。

手臂外旋： 前臂略向上方的扭转会使整个前臂在冲击目标时变得紧实坚固，虽然在传授此技术时，手臂的内外旋没有统一的规定，但是手臂外旋是最常见且击打力最强的方式。

髋部锁定： 击打对手腹部时，将持杖一侧的肘部滑动到同侧的髋部前方，这样既可以让髋部为击打提供足够的支撑，还能抵消由于击中对方身体重心所在区域而造成的冲力反弹。

手掌握在杖头上： 将持杖手的手掌握在手杖扶手的曲面上，同时保持这种持握姿态与手杖的轴心呈一条直线，以此要领，力量循着前臂移动的力线就可以顺着手杖直接延伸到击打目标。

精准度（8/10）

由于这种攻击方式所针对的目标有限，因此对此技术的精准度要求异常高。击中腹部是最容易的方式，而刺中面部和喉部则要困难很多，因为目标面积很小，需要极高的精确性才能做到始终如一地命中。

战士 1 式
强化下半身肌群；拉伸股四头肌和肩部

弓箭步 + 转体
提高髋部灵活性，同时发展核心力量

指尖俯卧撑（第 124 页）
强化双手、手腕、胸肌及肱三头肌

关键动态肌群

手臂外旋: 旋后肌

手臂推刺: 三角肌、胸肌、肱三头肌

肩部扭转: 腹外斜肌

身体驱动: 臀大肌（图中不可见）、股四头肌、小腿三头肌

关键静态肌群

腹直肌、腹外斜肌、股四头肌、肱二头肌

主要动力链

后侧动力链、髋转动力链、肩转动力链、臂伸动力链

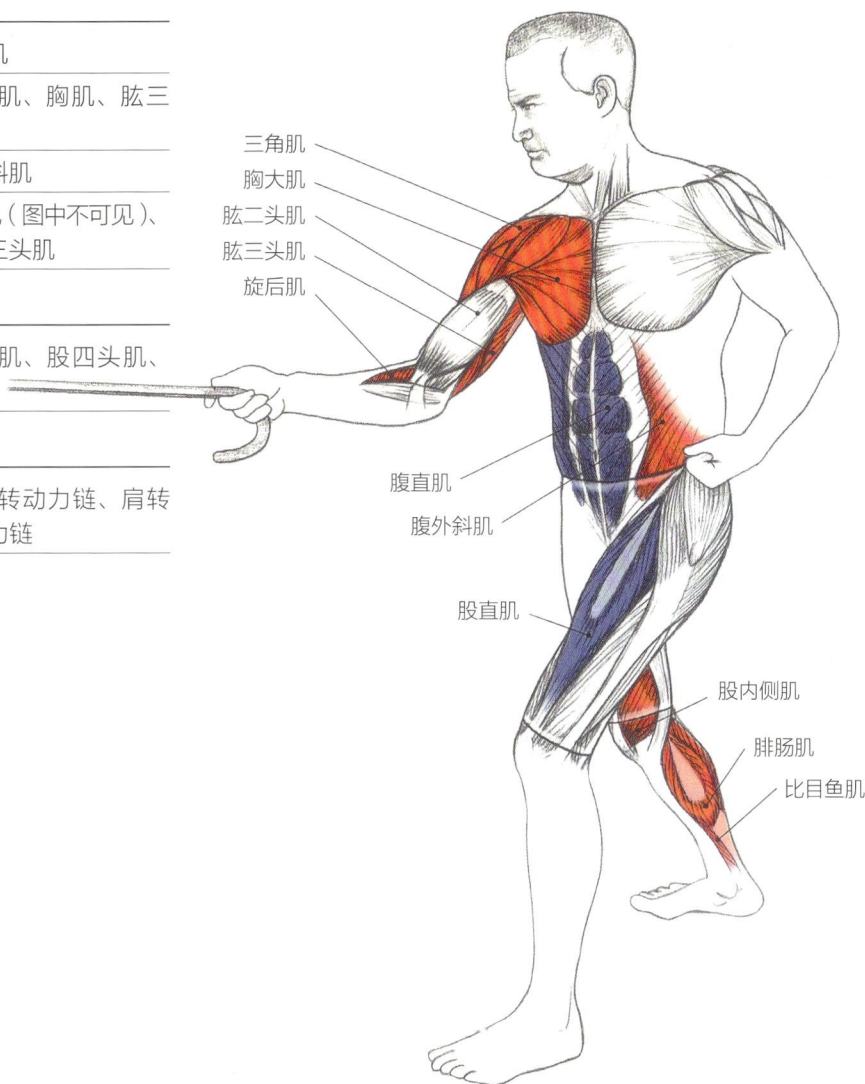

三角肌
胸大肌
肱二头肌
肱三头肌
旋后肌

腹直肌
腹外斜肌

股直肌

股内侧肌
腓肠肌
比目鱼肌

宽距体前屈
拉伸腘绳肌及内收肌群

跪姿前臂伸展
拉伸手腕与前臂

注意

1 手杖攻击的技术类型有很多种，在权衡了攻击距离、速度、力量和武器的稳定性的基础上，本章图中展示了两种常见类型。在上图中，持杖一侧的肘部远离身体。这增加了此技术的攻击距离以及速度，但同时降低了攻击力与稳定性。而本章标题旁边的照片展示的是攻击侧的肘部锁定在髋关节，这增加了击打的力量和稳定性，但是减少了击打范围和速度，这种权衡与取舍在武术格斗技术中非常常见。

丁字棍刺击

　　丁字棍刺击混合了后手拳与掌根击。图中所展示的技术是使用丁字棍的尾端作为攻击面，同时还用到了另一根丁字棍。在使用第一根棍攻击时，以另一根丁字棍来增加防御一侧前臂的格挡能力。当然丁字棍也经常被作为挥击武器来使用。

速度（5/10）

　　其施展速度的要领与掌根击相似。不要过紧地握棍，保持手臂肌肉放松，可以让这一技术施展得更快。由于丁字棍既可以用来刺击，也可以用来挥击，因此直线速度（用来刺）与侧向速度（用武器侧面来劈砍）一样重要。

力量（6/10）

　　此技术的驱动力最终来源于脚掌发力足跟抬起阶段。产生攻击力的关键因素如下。

　　手臂内旋/外旋：这项技术需要在攻击之中，手臂做到内旋或者外旋（这两个动作都会让前臂结实坚固）。一般来说，内旋多用于直刺或者斜向下的刺击，而外旋多用于向上的推刺。

精准度（6/10）

　　如果是以身体为击打目标，那么对于击打精准度的需求就相对低一些。许多人认为从太阳神经丛到髋部（身体中段）区域内都是合理的击打目标。对于其他目标（如面部和四肢），击打所需的准度要求较高，这也就是为什么对这些目标实施击打时，多用挥击劈砍的原因。

战士1式
强化下半身肌群；拉伸股四头肌和肩部

弓箭步 + 转体
提高髋部灵活性，同时发展核心力量

俯卧撑
强化胸肌、肱三头肌和腕伸肌

关键动态肌群

手臂外旋或内旋： 旋前肌（图中不可见）、旋后肌

手臂伸展： 三角肌、斜方肌、肱三头肌

身体扭转： 腹外斜肌（图中不可见）

身体驱动： 臀大肌、股四头肌、小腿三头肌

关键静态肌群

腹直肌、股四头肌、小腿三头肌、斜方肌

主要动力链

后侧动力链、髋转动力链、肩转动力链、臂伸动力链

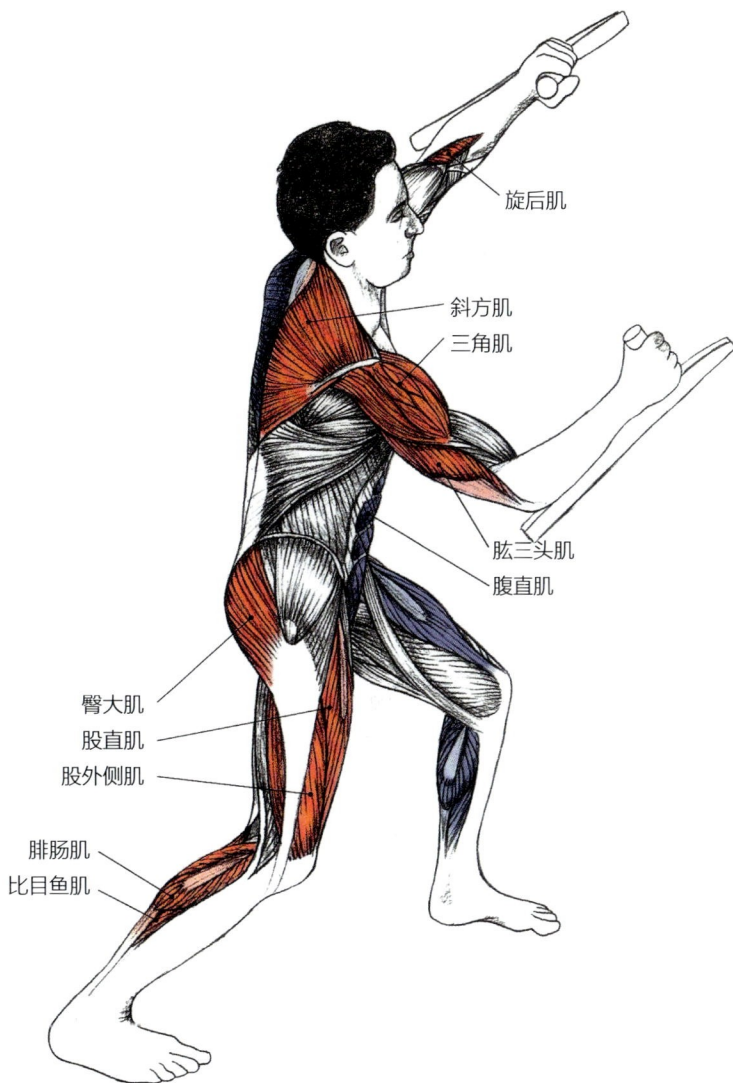

旋后肌
斜方肌
三角肌
肱三头肌
腹直肌
臀大肌
股直肌
股外侧肌
腓肠肌
比目鱼肌

宽距体前屈
拉伸腘绳肌及内收肌群

跪姿前臂伸展
拉伸手腕与前臂

短棍攻击

所谓短棍，其实是一类定义广泛的武器，其长度从6英寸（约15 cm）到2英尺（约60 cm），可由各种不同材料制成，从较轻的弹性材料到较重的刚性材料均可。这些不同种类的棍子需要在击打力度与攻击速度方面进行权衡取舍。这些棍子的击打目标也有所区别，通常说的"硬"目标是指头部、前臂（如图所示）、胫骨以及肘关节、膝关节等处；"软"目标包括腹股沟、腹部、肾区等。

速度（6/10）

攻击速度在很大程度上取决于棍子的长度与重量，以及手腕最后所施展出的敲击动作（有时也被形象地称为"鼓手的一击"）。握法也是非常重要的因素，持握的大部分力量应施加于拇指与示指之间，这样就能形成一个支点，其余手指轻握利于武器的瞬间发力。

力量（5/10）

在击打力量与速度之间存在一个平衡点。一般来说，手腕内旋可以增加攻击力——前臂的扭转可以更有效地传递体质量，但是这会降低攻击速度。击打方向的不同（如从外到内、从内到外或者直线向下）、髋部的转动、肩部的扭转及手臂的伸展等因素，都在攻击力的产生中起到或大或小的作用。这里有一个有趣的练习方式：让习练者拿着一根软质的练习棍，然后另一个同伴从上方抓住习练者的手臂。被抓住的习练者此时尝试使用短棍进行攻击。手臂被从上方抓住的情况下（取决于抓住的是上臂还是前臂），极大程度上阻止了髋部和肩膀参与攻击动作，从而只能应用手臂伸展与手腕敲击这两个要领来进行发力。

精准度（8/10）

虽然对于具有刚性的短棍来说，击打前面列出的"硬"目标具有优势，但是对于其他类型的目标也依然有效，比如大腿根（通常需要从下到上的撩攻击），还有浮肋或者位置较低的肋骨。重要的是能够精准地击打到可以"制动/停止"的位置（通常是腿部或者头部），迅速结束战斗。但是，如果对手的攻击中使用了武器，那么将他的武器定义为优先级最高的目标。在这种情况下，攻击对手的前臂（桡骨）拇指一侧往往是最有效的，因为可以使其手臂麻痹甚至造成骨折。

战士1式
强化下半身肌群；拉伸股四头肌和肩部

弓箭步 + 转体
提高髋部灵活性，同时发展核心力量

药球上斜伐木
（第126页）
强化腹斜肌和肩部肌群

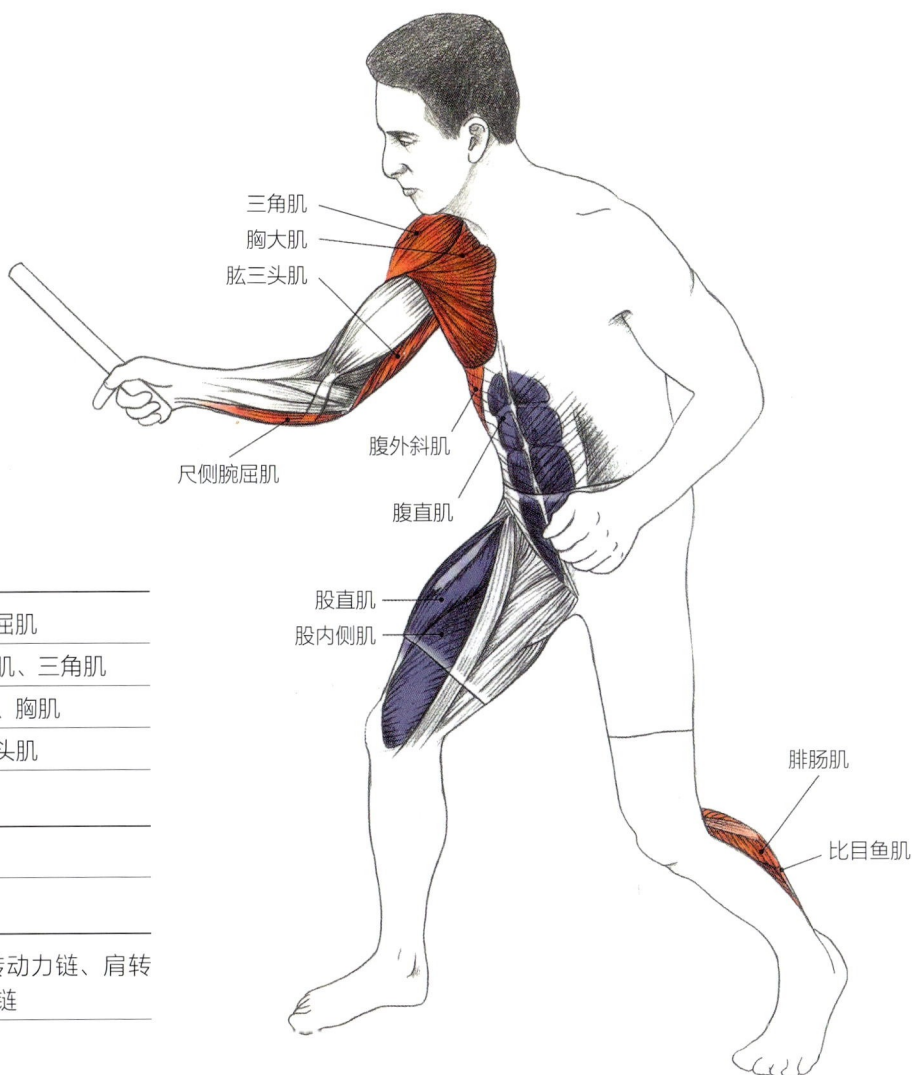

三角肌
胸大肌
肱三头肌

尺侧腕屈肌

腹外斜肌

腹直肌

股直肌
股内侧肌

腓肠肌

比目鱼肌

关键动态肌群

手腕敲击：尺侧腕屈肌

手臂伸展：肱三头肌、三角肌

肩部扭转：腹斜肌、胸肌

身体驱动：小腿三头肌

关键静态肌群

腹直肌、股四头肌

主要动力链

后侧动力链、髋转动力链、肩转动力链、臂伸动力链

宽距体前屈
拉伸腘绳肌及内收肌群

跪姿前臂伸展
拉伸手腕与前臂

注意

1 用棍击打到目标之前，要确保棍体没有断裂或碎片毛刺。因为棍折断时，往往会造成非常严重的伤害，特别是对眼睛。

2 一个常见的握法变式是用小指发力环握棍体，并以此为支点。这样会改变手腕的敲击姿态，从而改变这一击的速度与攻击力。

附录1：武术指导-具体练习方式

针对本书中介绍的非传统训练动作

身体拉拽

对练伙伴仰卧，双脚离地，腿屈起，双臂交叉抱胸。坐在对练伙伴后面，双腿打开放于对方髋部外侧，抓住他的肱三头肌或腋下。屈曲你的膝盖，然后发力蹬直，推动你的身体向后移动。再用后背的肌群发力把对练伙伴拉向你怀里。为了防止受伤，特别是对练伙伴的体质量比较大时，开始拉拽时不要圆背。

拍手俯卧撑

使用爆发力来做标准俯卧撑，这样你就拥有了足够的拍手时间；在身体落回地面之前要将手掌迅速归位，同时要将头部略微转向一侧，以此防止双手归位太迟而造成面部撞地的情况。先从膝盖支持开始练起，保持你的身体与臀部挺直。也可以通过在空中拍击两次来提高挑战难度。

过体中线——弹力带斜下拉伸

单手抓住位于对侧耳旁的弹力带。从胸前到髋部外侧进行斜向下的拉拽。再按原路线，慢慢回到初始位置。

硬拉

对练伙伴侧卧。练习者小腿抵住对练伙伴的背部与臀部。下蹲时背部要挺直，抓住对练伙伴近侧肩膀和小腿膝盖这两处道服。保持背部挺直，让对练伙伴靠近练习者小腿，蹬直双腿把对练伙伴从地上拉起。

指尖俯卧撑

只用双手指尖支撑进行俯卧撑，这需要很强大的手腕稳定性。所用的指尖数量越少，施加给其他指关节的压力就越大；只使用拇指进行此动作一定要小心，因为这给拇指关节造成的压力极大。

半月式单侧卷腹

像弯月一样（如果平衡性不好，可以靠墙）。保持支撑腿和臀部不动，进行一个单侧卷腹，直到上半身位于髋部水平平面以上。

倒立俯卧撑

先试着做好一个标准倒立（如果上半身没有足够的力量，可能需要同伴给予辅助）。屈曲手肘，以头轻触地面，然后再把身体向上推。

高位盘旋

①仰卧。②上卷身体直到坐起，然后转向一侧（图示以右侧为例）。③保持身体离地，使身体于初始位置呈90°，双手撑在地上。④在身体下方踢出左腿，再继续往同一方向旋转90°。⑤双手撑在地上，此时胸部朝向天花板。⑥身体翻转呈俯卧撑姿态，此时身体再水平旋转90°。⑦再次于身下踢出左腿。⑧身体沿之前方向再水平旋转90°，双手撑于地面且胸口朝向天花板。⑨坐下，向后倒。此时你已经从起点位置将身体旋转360°，与此同时脊柱旋转720°。

爬虫伸展

从一个体前屈开始。整个练习过程中保持双腿伸直，用双手向前交替爬行，直到身体变化成俯卧撑姿态。做个俯卧撑，再用双手撑地不动，双脚交替前移回到初始体前屈姿态。

弹力带向外拉伸

用对侧的手在髋部一侧抓住弹力带

（保持手肘一直在肋骨侧，掌心朝向身体躯干），然后旋转手肘，进行一个从内向外的格挡训练。

180°/360°转身跳跃

从站姿起跳，身体在空中旋转180°或360°，以非常稳固的姿态落地。

高抬腿

利用爆发力将膝盖提至胸口位置，两腿交替运动。增加一个单腿或双腿跳跃，让练习更具动态变化。

蛙跳+爬行

对练伙伴弯腰，双手护头。习练者从其背上跳过，落地，然后立刻转身对对练伙伴两腿之间爬过去。

低位盘旋

①仰卧。②向上卷起身体至坐起姿态，然后转向一侧（图示以左侧为例）。③身体水平旋转90°，把两个前臂撑在地上，保持身体离地。④右腿在身体下面踢出，然后沿同一方向再水平旋转90°。⑤当胸部再次指向天花板时，坐下来向后倒。此时你已经将身体从初始位置水平旋转了180°，与此同时你的脊柱旋转了360°。

单腿臀桥+臀推

身体仰卧拱起，呈起桥姿态。保持髋部稳定，一条腿伸向天花板，然后臀部下落贴地，支撑腿发力再抬起臀部回到初始位置。

翻滚

抓住你的膝盖，圆背，下颌回收，保持以上姿态开始翻滚，前滚翻，后滚翻，左右侧滚。

贴墙侧踢伸展

身体靠墙站立，一条腿抬起从踢击准备姿态开始做侧踢练习，整个过程中足跟贴墙，慢慢地伸展与收回踢击腿。

拳击仰卧起坐

先做一个标准仰卧起坐，然后把身体扭转到一侧，再出拳；之后身体转到另一侧，出另一拳。

同伴深蹲

把对练伙伴扛在肩部或顶在髋部做一个深蹲。下蹲的姿态非常重要，要尽量标准以避免背部或膝盖受伤。

站姿弹力带拉拽练习

这个针对摔投的技术训练有两种练习方式。

①站在对练伙伴的身侧，双手各抓住弹力带的两端，然后拉拽。②站在对练伙伴的正前方，双手各抓住弹力带的两端，然后拉拽。

仰卧抬腿下压

仰卧抓住对练伙伴脚踝。向天花板方向抬腿。对练伙伴会把你的腿推回到地板上，可以直落回初始位置，也可以推向某一侧。使用你的核心肌群发力，来防止腿直接拍在地面上（译者注：有控制地缓缓落下，不要撞击），之后再次抬起双腿循环往复进行训练。注意不要让你的后背反弓（译者注：不要骨盆前倾，髋部保持中立位）。

T字对脚触碰

从站立姿态开始，将一条腿向后抬起，同时俯身，直到你的身体从头部到脚形成一条直线。双臂向两侧伸展呈T字形。腰部微弯曲，用手去触碰对侧的脚再恢复T字姿态。向前迈一步，再重复上述动作。

T字俯卧撑

进行一个标准俯卧撑之后，身体向一侧打开，同侧手臂伸展向天花板。

足尖行走

仅用双足脚掌站立，足跟尽量抬高。以此姿势步行。

战士2式（弹力带版）

以战士2式姿态站好，将弹力带踩在伸直腿的脚下；用较远的手握住弹力带的另一端，另一只手贴于身侧。从伸直腿外侧髋部开始，以肘部为引导，慢慢拉动弹力带穿过身体中线直至持握弹力带的手臂完全伸展开。再顺着来时的轨迹缓慢做反方向运动。

药球上斜伐木

双手将药球举向身体一侧的斜上方。扭动躯干做伐木动作，将球移动到身体另一侧的斜下方。

附录 2：肌肉（按字母顺序排列）及其运动方式

肌肉	动作方式
短收肌（adductor brevis）	髋关节内收
长收肌（adductor longus）	髋关节内收和外旋
大收肌（adductor magnus）	髋关节内收
肘肌（anconeus）	协助肱三头肌伸展前臂
肱二头肌（biceps brachii）	肘关节屈曲；前臂外旋屈曲
股二头肌（腘绳肌）[biceps femoris（hamstring）]	屈膝；髋关节伸展
肱肌（brachialis）	肘关节屈曲
肱桡肌（brachioradialis）	使前臂在旋前时可以做出肘屈动作
三角肌（deltoid）	前束：屈曲手臂和向内侧旋转手臂
	中束：外展手臂
	后束：伸展手臂和向外侧旋转手臂
桡侧腕伸肌（extensor carpi radialis）	伸展手腕和外展手腕
尺侧腕伸肌（extensor carpi ulnaris）	伸展手腕和内收手腕
指伸肌（extensor digitorum）	伸展手指和手腕
趾长伸肌（extensor digitorum longus）	踝背屈
姆长伸肌（extensor hallucis longus）	伸展姆趾；踝背屈
桡侧腕屈肌（flexor carpi radialis）	屈曲和外展手腕
尺侧腕屈肌（flexor carpi ulnaris）	屈曲和内收手腕
腓肠肌（小腿三头肌）[gastrocnemius（calf）]	踝跖屈；膝关节屈曲
臀大肌（gluteus maximus）	髋关节后伸、外旋
臀中肌（gluteus medius）	髋关节外展、内旋
臀小肌（gluteus minimus）	髋关节外展、内旋
股薄肌（gracilis）	髋关节内收、外旋
髂腰肌（iliopsoas）	髋关节前屈
背阔肌（latissimus dorsi）	前臂伸展、内收和内旋
腹外斜肌/腹内斜肌（腹肌）[obliques,external/internal（abdominals）]	屈曲和旋转躯干
闭孔外肌/闭孔内肌（obturator externus/internus）	髋关节外旋
耻骨肌（pectineus）	髋关节内收和屈曲
胸大肌（pectoralis major）	肱骨内收和内旋
梨状肌（piriformis）	髋关节外旋、外展
旋前方肌（pronator quadratus）	前臂旋前
旋前圆肌（pronator teres）	前臂旋前；屈肘
股四头肌（quadriceps femoris）	膝关节伸展
腹直肌（腹肌）[rectus abdominus（abdominals）]	屈曲躯干
股直肌（股四头肌）[rectus femoris（quadricep）]	屈髋伸膝

菱形肌（rhomboids）················· 后缩肩胛骨

缝匠肌（sartorius）················· 髋关节屈曲、外展、外旋；膝关节屈曲

半膜肌（semimembranosus）················· 髋关节内旋

半腱肌（semitendinosus）················· 髋关节内旋

前锯肌（serratus anterior）················· 肩胛骨上旋；前引肩胛骨

比目鱼肌（小腿三头肌）[soleus（calf）]················· 踝跖屈

胸锁乳突肌（sternocleidomastoid）················· 转头

旋后肌（supinator）················· 前臂旋后

阔筋膜张肌（tensor fascia latae）················· 髋关节外展、内旋和屈曲

大圆肌（teres major）················· 肩关节后伸和内旋

小圆肌（teres minor）················· 肩关节外旋

胫骨前肌（tibialis anterior）················· 踝背屈

胫骨后肌（tibialis posterior）················· 踝跖屈

斜方肌（trapezius）················· 上提、后缩、上旋、下压肩胛骨

肱三头肌（triceps brachii）················· 伸展前臂

股中间肌（股四头肌）[vastus intermedius（quadricep）]····· 膝关节伸展

股外侧肌（股四头肌）[vastus lateralis（quadricep）]········ 膝关节伸展

股内侧肌（股四头肌）[vastus medialis（quadricep）]······· 膝关节伸展

附录 3：关节肌肉运动

关节	动作方式	肌肉				
髋关节						
	屈曲	髂腰肌	股直肌	缝匠肌	耻骨肌	阔筋膜张肌
	伸展	腘绳肌	臀大肌			
	外展	臀中肌	臀小肌	缝匠肌	阔筋膜张肌	
	内收	内收肌群（短收肌、长收肌、大收肌）			股薄肌	耻骨肌
	内旋	臀中肌	臀小肌	长收肌	阔筋膜张肌	半膜肌 半腱肌
	外旋	闭孔外肌/闭孔内肌		梨状肌	臀大肌	缝匠肌
膝关节						
	屈曲	腘绳肌	股薄肌	缝匠肌	腓肠肌	
	伸展	股四头肌（股直肌、股中间肌、股外侧肌、股内侧肌）				
	内旋	半腱肌	半膜肌	股薄肌		
踝关节						
	跖屈	腓肠肌	比目鱼肌	胫骨后肌	趾长屈肌	蹞长屈肌
	背屈	胫骨前肌	趾长伸肌	蹞长伸肌		
肩关节						
	屈曲	胸大肌	三角肌前束			
	伸展	背阔肌	三角肌后束	大圆肌		
	外展	三角肌中束				
	内收	胸大肌	背阔肌	喙肱肌		
	内旋	大圆肌	胸大肌	背阔肌	三角肌前束	
	外旋	小圆肌	三角肌后束			
	上旋	斜方肌	前锯肌			
	上提	斜方肌	肩胛提肌			
	下压	斜方肌				
	后缩	斜方肌	菱形肌			
	前引	前锯肌				
肘关节						
	屈曲	肱肌	肱二头肌	肱桡肌	旋前圆肌	
	伸展	肱三头肌	肘肌			
腕关节						
	旋前	旋前圆肌	旋前方肌			
	旋后	旋后肌	肱二头肌			
	屈曲	桡侧腕屈肌	尺侧腕屈肌			
	伸展	桡侧腕伸肌	尺侧腕伸肌	指伸肌		
	外展	桡侧腕屈肌	桡侧腕伸肌			
	内收	尺侧腕屈肌	尺侧腕伸肌			
躯干						
	屈曲	腹直肌	腹斜肌			
	旋转	腹斜肌				

词汇表

腹肌（abs）：腹部肌肉的统称。包括腹直肌、腹横肌、腹内斜肌、腹外斜肌。

前侧（anterior）：与后侧相对。

关节炎（arthritis）：关节发炎。反复出现会导致关节退化或永久性损伤。

小腿三头肌（calf）：位于小腿后面的两块肌肉（腓肠肌和比目鱼肌）的统称。两块肌肉都能使踝跖屈，也能使膝关节屈曲。

锁骨（clavicle）：拉丁文中"小钥匙"的意思，当肩部扭转时，它像钥匙一样在长轴上旋转。

脑震荡（concussion）：引起精神意识状态改变的脑损伤。脑震荡或可导致意识丧失。

三角肌（delt）：是可以使手臂发生移动的肩部肌群。

背侧（dorsal）：拉丁语中"背"的意思，背侧指身体后背部或此位置的运动动作。与腹侧相对。

动态的（dynamic）：一种特征性的运动方式，通常带有力量和动能。

浮肋（floating ribs）：12根肋骨中最下面的两根。虽然所有肋骨都附着在脊柱上，但在腹侧只有前10根肋骨附着在胸骨或其软骨上。这使得浮肋更容易受伤。

擒拿（grappling）：近身，徒手搏斗。摔跤。

腘绳肌（hamstring）：位于大腿后侧的3块肌肉（半腱肌、半膜肌、股二头肌）的统称，用于伸展髋关节和屈曲膝关节。

过伸（hyperextension）：关节的打开程度超出合理范围。这种行为经常会导致关节损伤。

气（ki）：一个复杂的概念，有时被粗略地翻译为"能量流"，但此概念还包含许多其他方面，如活力和精神等。

动力链（kinetic chain）：一个肌肉骨骼内在互相连接、协同运动的概念，经常以一种复杂的顺序，产生强大的力量与有效的运动。

动能（kinetic energy）：运动物体所拥有的能量；定义为物体质量的一半乘以物体速度的平方。

外侧（lateral）：拉丁语中的"外边"是指远离脊柱或中轴的位置或运动。是内侧的反义词。

背阔（lat）："背阔肌"的俗称，一种强有力的背部肌肉。

内侧（medial）：拉丁语中的"中间"，是指朝向脊柱或中轴的位置或运动。外侧的反义词。

斜肌（obliques）：是"腹斜肌"的统称，指负责躯干屈曲和旋转的腹部肌肉。

骨盆（pelvis）：连接脊柱和腿部的骨质结构。从拉丁语单词"碗"演化而来，它的形状像一个大盆，因此得名。

后侧（posterior）：指背侧或后面。前侧的反义词。

旋前（pronation）：掌心向下旋转。这会扭转尺骨和桡骨，使前臂更加坚硬，从而更有效地传递能量。

股四头肌（quadriceps）：位于大腿前侧的4块肌肉（股直肌、股外侧肌、股内侧肌、股中间肌）的统称。4块肌肉都可以使膝关节伸展，但股直肌也能使髋关节屈曲。

肩胛骨（scapula）：大而扁平的三角形肩部骨骼，能有效地连接锁骨和上臂。从希腊语的"挖"字演化而来，因为此处骨骼看起来像铲子。

竹剑（shinai）：用竹子制作的练习剑，在剑道或功夫等武术格斗技术中用于攻击穿着护甲的对手。

虾行（shrimping）：地面技中的一种移动方式，习练者剧烈地左右扭动身体以逃脱或改变与对手的相对位置。

静态（static）：物体保持静止。请注意，这并不意味着此处较弱。实际上，许多静态姿势，比如马步，具有强大的力量。

胸骨（sternum）：连接锁骨和前7根肋骨的长而扁平的骨骼。

旋后（supination）：掌心向上旋转。这会扭转尺骨和桡骨，使前臂更加坚硬，从而更有效地传递能量。一般来说，旋前比旋后更有效。

腹侧（ventral）：拉丁语中"腹部"的意思，指处于身体前部的位置或动作。背侧的反义词。

作者介绍

诺曼·林克: 习武40余年,是yongmudo(译者注:韩国杨氏合气道,正式名称为韩式合气道)黑带七段。他是yongmudo美国协会总教习,目前在位于美国加州伯克利的加州大学任yongmudo指导教师(www.ucmap.org)。同时他也练习柔道和居合道。在进行武术训练之外,他也在生物工程和医学等领域,范围从眼肌刺激反应到癌症(如淋巴瘤)的机器人诊断,再到防弹背心在撞击瞬间的闪光X线成像进行广泛研究。他拥有生物医学/电气工程博士学位,目前在美国湾区从事科学研究。

莉莉·周: 习武15年,yongmudo黑带三段。此外还涉猎跆拳道与无道服巴西柔术,同时她也是健康与健身类书籍的编辑、瑜伽教练,以及《武术家的瑜伽书》的作者。

展示者介绍

乔恩·伯奇(Jon Bertsch) 习武超过30年,柔道黑带四段。他也练习韩式合气道,目前在美国湾区从事程序员工作。

戴维·康明斯(David Commins) 习武超过35年,跆拳道黑带五段。此外他还练习yongmudo、柔道和居合道,目前在美国旧金山从事律师工作。

卢克·康明斯(Luke Commins) 习武超过10年,跆拳道黑带一段,目前是美国加州大学伯克利分校跆拳道表演队成员。

凯丽·金(Kelly Kim) 习武超过15年,跆拳道黑带二段。2009—2011年度美国国家武术队成员,目前在美国湾区学习人体运动学和运动生物学。

苏珊·林克(Susan Link) 习武超过30年,yongmudo黑带四段。她还曾习练跆拳道并参加了美国范围内的比赛,目前在美国湾区从事验光师工作。

鲍勃·松田(Bob Matsueda) 习武超过40年,剑道黑带六段。他是美国伯克利剑道道场[NCKF(美国北加州剑道联盟)、AUSKF(全美剑道联盟)、FIK(国际剑道联盟会员)]的首席讲师,也是日本东京ICU/Osawagi剑道道场的校友/会员。同时,他还是美国北加州剑道联盟的董事会成员。

肌群功能

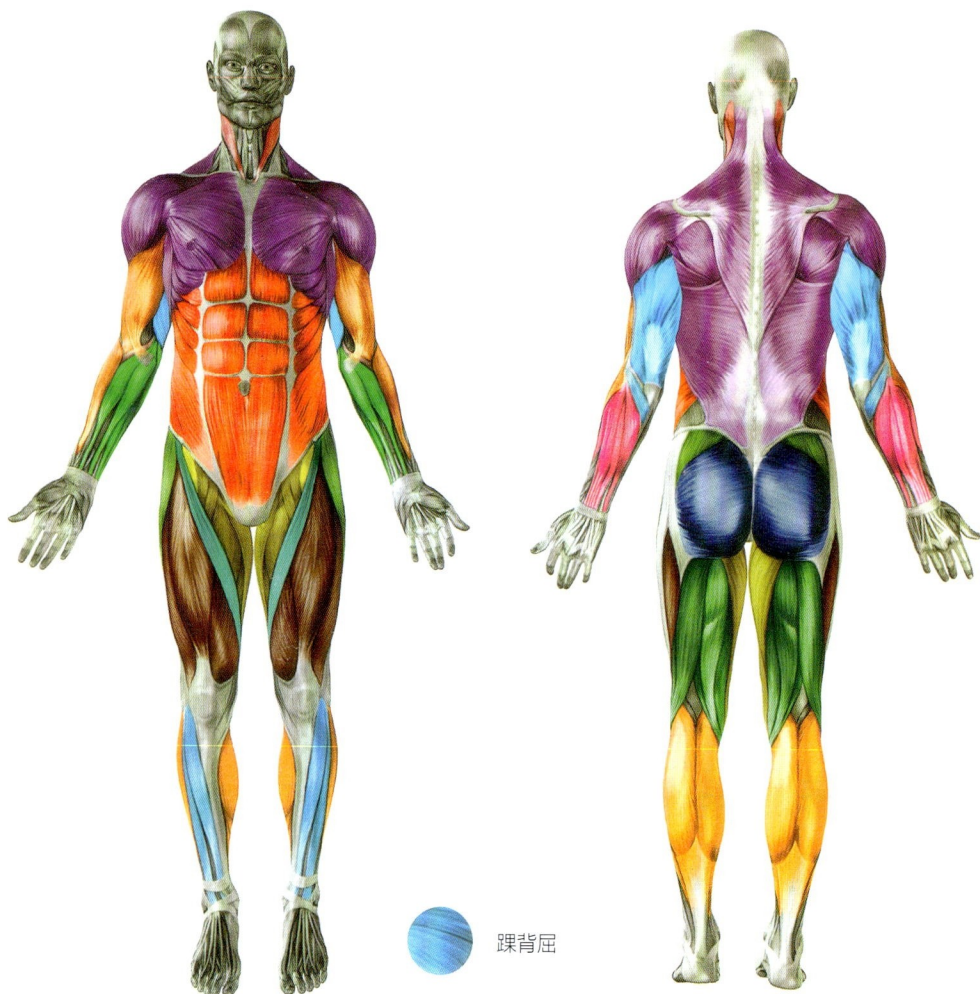

踝背屈

踝跖屈

肘伸

肘屈

髋外展

髋内收

伸髋

屈髋

髋转

伸膝

屈膝

颈部运动

肩部运动

躯干屈曲

腕伸

腕屈

腕旋前

人文武术精品书系
北京科学技术出版社

武学名家典籍丛书

武学古籍新注丛书

王宗岳太极拳论	李亦畬 著 二水居士 校注
太极功源流支派论	宋书铭 著 二水居士 校注
太极法说	二水居士 校注
手战之道	赵晔 沈一贯 唐顺之 何良臣 戚继光 黄百家 黄宗羲 著 王小兵 校注
李氏太极拳谱	李亦畬 著

百家功夫丛书

张策传杨班侯太极拳108式（配光盘）	张喆 著 韩宝顺 整理
河南心意六合拳（配光盘）	李洳波 李建鹏 著
形意八卦拳	贾保寿 著 武大伟 整理
王映海传戴氏心意拳精要（配光盘）	王映海 口述 王喜成 主编
张鸿庆传形意拳练用法释秘	邵义会 著
华岳心意六合八法拳	张长信 著
戴氏心意拳功理秘技	王毅 编著
传统吴氏太极拳入门诀要（配光盘）	张全亮 著
吴式太极拳八法（配光盘）	张全亮 马永兰 著
拳疗百病——39式杨氏养生太极拳（配光盘）	戈金刚 戈美藏 著
尚济形意拳练法打法实践	马保国 马晓阳 著
非视觉太极——太极拳劲意图解	万周迎 著
轻敲太极门——太极拳理法与势法	万周迎 著
冯志强混元太极拳48式	冯志强 编著 冯秀芳 冯秀茜 助编
刘晚苍传内家功夫与手抄老谱	刘晚苍 刘光鼎 刘培俊 著
赵堡太极拳拳理拳法秘笈	王海洲 著
京东程式八卦掌	奎恩凤 著
功夫架——太极拳实用训练	朱利尧 著
道宗九宫八卦拳	杨树藩 著
三十七式太极拳劲意直指	张耀忠 张林 厉勇 著
说手——太极拳静思录（全四卷）	赵泽仁 张云 著
太极拳心法体用——验证与释秘	宋保年 杨光 著
宋氏形意拳及内功四经精解	车润田 著 车铭君 车强 编著
陈式太极拳第二路——炮锤	顾留馨 著
孙式太极拳心解：三十年道功修习体悟	张大辉 著
王文魁传程氏八卦掌精要	王雪松 编著
吴式太极拳三十七式诠真	王培生 著
鞭杆拳技法与健身	毛明春 毛子木 著
龙形八卦掌	邵义会 著

民间武学藏本丛书

守洞尘技	崔虎刚　校注
通背拳	崔虎刚　校注
心一拳术	李泰慧　著　崔虎刚　校注
少林论郭氏八翻拳	崔虎刚　校注
拳谱志三	崔虎刚　点校
少林秘诀	崔虎刚　校注
拳法总论	崔虎刚　点校
少林拳法总论	崔虎刚　点校
母子拳	崔虎刚　点校
绘像罗汉短打	升霄道人　编著　崔虎刚　点校
六合拳谱	崔虎刚　点校
单打粗论	崔虎刚　点校

拳道薪传丛书

三爷刘晚苍——刘晚苍武功传习录	刘源正　季培刚　编著
乐传太极与行功	乐匋　原著　钟海明　马若愚　编著
慰苍先生金仁霖太极传心录	金仁霖　著
中道皇皇——梅墨生太极拳理念与心法	梅墨生　著
杨振基传太极拳内功心法	胡贯涛　著
卢式心意拳传习录	余江　编著
习练太极拳之见闻与体悟	陈惠良　著
廉让堂太极拳传谱精解	李志红等　编著
武当叶氏太极拳	叶绍东　何基洪　蔡光复　著
无极桩阐微	蔡光复　蔡昀　著
功夫上手——传统内功太极拳拳学笔记	陈耀庭　著　霍用灵　整理
会练气养得真功	邵义会　著
八级心法——传统八极拳，现代研修法	徐纪　著
犹忆武林人未远 ——民国武林忆旧及安慰武学遗录	安慰　著　阎子龙　田永涛　整理
推手践习录	王子鹏　著
刘纬祥形意拳雏释	马清藻　著　马道远　马彦彦　整理
大道太极：太极拳道修诀要	黄震寰　著

功夫探索丛书

内家拳的正确打开方式	刘　杨　著
内家醍醐	刘　杨　著
借力——太极拳劲力图解	戴君强　著
武学内劲入门实操指导	刘永文　著
内家拳几何学：三维空间里的劲与意	庞　超　著
武术的科学：实战取胜的秘密	〔日〕吉福康郎　著　宋卓时　译
格斗技的科学：以弱胜强的秘密	〔日〕吉福康郎　著　宋卓时　译
借势：武术之秘	沈　诚　著
太极拳肌肉解剖图解	〔西〕伊莎贝尔·罗梅罗·阿尔比奥尔等　著　刘旭彩　胡志华　译

老谱辨析丛书

马国兴释读杨氏老谱三十二目	马国兴　注释　崔虎刚　整理
马国兴释读太极拳论	马国兴　注释　崔虎刚　整理
马国兴释读浑元剑经	马国兴　注释　崔虎刚　整理
陈氏太极老谱讲义	马国兴　注释　崔虎刚　整理

国术档案丛书

太极往事	季培刚　著

格斗大师系列

伊米大师以色列格斗术	〔以〕伊米·利希滕费尔德，伊亚·雅尼洛夫　著　汤方勇　译
拳王格斗：爆炸式重拳与侵略性防守	〔美〕杰克·邓普西　著　史旭光　译

格斗技图解系列

泰拳入门技术图解	〔德〕克里斯托夫·德尔普　著　滕达　译
巴西柔术技术图解	〔巴西〕亚历山大·派瓦　著　薄达　译
健身拳击训练指南	〔加拿大〕安迪·杜马斯，杰米·杜马斯　著　赵彧　孙智典　译
武术格斗解剖学图谱	〔美〕诺曼·林克，莉莉·周　著　常一川　译